実話芸人

コラアゲンはいごうまん

幻冬舎文庫

実話芸人

目次

まえがき

「残念ですが、あなたにはネタを考える才能がありません」

今からさかのぼること17年前——。僕がある人から告げられた一言から、この本は生まれました。

今、この本を手にしてくださった皆さん。興味を持っていただきありがとうございます。僕はワハハ本舗のコラアゲンはいごうまんという芸人です。正式表記は「コラーゲン」ではなく「コラアゲン」です。

じつはつい最近まで、僕が「コラアゲン」で検索すると、グーグルに「コラーゲンではありませんか？」と、誤りを正されていました……。世界最大の検索エンジンですら見落とすくらい、売れてない芸人なんです。

またそんな僕は、神がかり的にツイてない男でもあります。

僕の芸名の表記は、もともとは「コラーゲン配合マン」やったんですが、ある日、偶然出会った姓名判断の達人がこう言うんです。

「画数的に、〈コラアゲンはいごうまん〉に変えたら、200%売れます！　すぐに売れます！」

あまりにもしつこいので芸名の表記を変更して、2年後のこと。その達人が再び僕を訪ねてきました。

「なかなか結果出ないなぁと思って、昨日もう一回調べてみたんです」

そして彼は、言いづらそうにこう続けました。

「画数間違ってました」

ケ、ケアレスミス？　どこが達人やねん。しかし、平身低頭して謝る達人を責める気には、どうしてもなれません。

「気になさらないでください。ところで〈コラアゲンはいごうまん〉の画数は、本当のところどうなんですか？」

すると達人、力強く言いました。

「200%、人を不愉快にする画数」

いやいや、お前がワシを不愉快にさせとんねん！

この本の中には、ワハハ本舗の社長兼演出家の喰始《たべはじめ》が、何度も出てきます。

ここでこの本をより楽しんでいただくために、喰さんと僕の関係を説明しときますね。

僕は普段、この本に書かれている「嘘みたいな本当の話」を、体験ノンフィクション漫談と称して、舞台で語ってます。この体験ノンフィクション漫談の生みの親こそが、喰始その人なんです。

事の始まりは2002年1月にさかのぼります。

当時32歳の僕は、芽が出なかった大阪を離れて、単身上京。様々なオーディションを受けましたが、どれもカスリもしません。後がなくなり、いよいよ焦りだしたその時、人の縁で出会ったのが、喰始社長でした。

喰始といえばダメ出し、ダメ出しといえば喰始。パンチの利いたダメ出しは、業界では有名です。

その頃はまだ僕は、必死になって自分でネタを作っていました。そして僕も例に漏れず、喰さんにさんざんダメ出しを食らいました。

サンシャイン池崎ばりに、テンションの高いコントをやったら「痛々しい」。楽《たの》しんご的なギャグを考えて「君の瞳に胸キュンコラアゲン♡」とやったら「むしずが走る」。おバカタレント枠狙いで、わざとムチャクチャな四字熟語を言ったら「ただの不真面目な人」。

何をやっても認めてもらえず、最後に繰り出したのが、当時はスベり知らずだった「リカちゃん人形の矛盾をツッコんでいく」ネタ。

しかし喰さんは、クールにこう言いました。

「つまらなくはないけども、また見たいとは思わない」

そして、僕に、こんな最後通告をしたのです──。

「残念ですが、あなたにはネタを考える才能がありません」

その時、すでに僕の芸歴は13年。同期の雨上がり決死隊や後輩芸人はテレビの華やかな世界で活躍していました。

なんで俺だけあかんねん……もう悔しくて、腹立って、情けなくて、しゃくりあげて泣きました。

しかし、ここからが喰劇場。ウチの社長は厳しいダメ出しをした分、責任を負う人でして……。

「まだ手はあります。ネタを考える才能がないのなら、体験して感じたことを語ればいい。無理して考えたオチより、素直に感じた言葉の方が、よっぽどお客さんに響くでしょう。プライドを捨てて、なりふりかまわずに笑いすら捨てて体験した時に、きっと笑いは生まれます」

体験ノンフィクション漫談誕生の瞬間でした。

それから、喰さんの無茶ぶりのような指令によって、体を張って体験する日々が始まりました。作品の中には、放送上不適切なものも少なくありません。宗教団体の集会に潜入したり、怖い方々のオフィスに連泊したり、そのたびに泣きそうになります。

それやけど、意を決した突撃の先に驚きや発見があったりしてじつは楽しんでますねん。

本の中には、喰さんからの指令じゃない話も、いっぱい入ってます。

というのも、2005年から全国ツアーと銘打って、自腹で全国を回ってライブをやらせてもらってるんです。会場は、応援してくださってる方々が経営する居酒屋、美容室、自宅などなど……。

ビックリするかもしれませんが、僕の全国ツアーは毎年、焼津の鈴木さんの家から始まります。小規模やけど、手作りの温もりがあるこの全国ツアーが、今の活動の中心になってます。これまでに、日本を12周させてもらいました。

そのツアー中は、ライブを主催してくれる地元の方に指令を出してもらって地域密着の体験ノンフィクション漫談をさせてもらってるんです。

地域密着の作品で一つ自慢できるのは、なかなかネットではヒットしない、そこで暮らしてる人しか知りえない貴重な情報があることでしょうか。

たとえば、今回はご紹介できませんでしたが、福岡県・筑後には「日本兵」と呼ばれている、兵隊さんの服装をした謎のおじいちゃんがいます。

神出鬼没だと聞いてたんですが、ラッキーにもお会いできて、仲良くなりました。そのおじいちゃん、翌日のライブを、僕に内緒で見に来てくれましてん。

「はいどうもー」

そう言って舞台に出て、客席をフッと見たら客の並びが、おっちゃん、おばちゃん、日本兵。

なんでやねん！　この状況がおもろすぎてネタ入ってこんがな！

めっちゃ嬉しかったけど、ちょっとビックリしたという話でして……。これも嘘みたいやけどホンマの話。

それはさておき、この日本兵さんの情報はネットでは手に入りません。ちなみに今さっき「筑後　日本兵」で検索したら、僕のブログがヒットしましたわ。

今この本を読んでくださってるあなたの地元の話も出てくるかもしれません。あわせてお楽しみくださいね。

ここまできて言うことではないかもしれませんが、このまえがき長くないですか？

今気づいたんかって話ですが、ホンマすみませんでした。書きたいことがいっぱいあって、話がアッチコッチ行ってしまいましたが、僕が一番お伝えしたいことは、作品に出てくる登場人物は、紛れもなく実在する人物だということなんです。

僕がこれまで出会ってきた、この本の登場人物の方々との関わりは、今も続いておりまして、この本の出版のことを伝えたら、全員、我がことのように喜んでくださいました。

僕は今も売れてへんけど、めっちゃ豊かな人生を歩ませてもらってます。

皆さんのおかげでこの本ができました。本当に本当に、ありがとうございました。これからも一生よろしくお願いいたします。

この本を読んでくださった皆さんに、本の登場人物一人一人と出会ったような気になって、その中の誰かの一言で一瞬でも笑ったり癒やされたりして「明日からまた頑張ろう」という気持ちになっていただけますように――。

２０１９年６月　コラアゲンはいごうまん

北海道・美唄市

自衛隊と合同ミッションを遂行した話

ここに一枚の感謝状があります。

これは、国と国民を守る自衛隊の担当者がわざわざ、ワハハ本舗の事務所に届けてくださったものです。人から感謝されることなど滅多にない、売れない芸人である僕に、なぜ防衛大臣から感謝状が贈られたのか。

事の発端は2010年の年末にさかのぼります。無名芸人の僕に、一本の営業が入りました。

営業先は、東京から遠く離れた北海道の中心部・美唄《びばい》市にある自衛隊の美唄駐屯地。その大忘年会で漫談を披露してほしいとの要請でした。

後で知ったのですが、美唄駐屯地は〝日本最後の砦《とりで》〟と形容されている国防の最重要基地の一つ。日本にたった5部隊しかない、地対艦ミサイル連隊（地上からミサイルで敵艦を迎撃する）を配備しており、北朝鮮やロシア、北方の脅威に対する日本最後の切り札と呼ばれています。

そんな美唄駐屯地がなぜ僕に声をかけてくれたのか。それも依頼主は国家運営の巨大組織、自衛隊です。ぞんざいな扱いを受けることも覚悟しながら、美唄に前乗り（前日に現地入り）しました。

わざわざ前乗りしたのには理由がありました。美唄駐屯地の忘年会を仕切る担当者が、どうしても前日に打ち合わせをしたいというのです。

僕のスケジュールはスカスカです。前日だろうと、なんなら一週間前でも問題ありません。言われるがままに、美唄駐屯地に向かいました。

市内から山に向かってドンドン進むと、隊員やその家族の住む官舎を併設する広大な駐屯地が見えてきます。敷地内に入り、建物に足を踏み入れようとした瞬間、不思議なことに気がつきました。隊員や関係者が通るたびに、皆入り口で立ち止まるのです。

見れば、「第二地対艦ミサイル連隊」という荘厳な看板の横に、なぜか「コラアゲンはいごうまん様」と、墨痕鮮やかに掲げられた来訪者の告知。あまりのギャップに、違和感しかありません。みんな、これを見ていたのか……。

中に入ると、さっそく最先任上級曹長室に通されました。

「御苦労ー様ですッ！」

直立不動で敬礼していたのは、忘年会を取り仕切る、石田さん。階級は曹長、有事の際は最前線で指揮をとる現場のトップです。

見事にエッジの利いた角刈り、眉はあくまで太く、小柄な体型……。見た目はまるで実写版・こち亀の両さんです。

さっそく打ち合わせを始めると、すぐに事件は起こりました。

事務所からは、忘年会での余興、賑やかしの営業だと聞いていました。てっきり、日頃厳しい任務に就く自衛官たちの慰労目的のイベントだと思っていたのです。

それが、今回の忘年会は、美唄駐屯地が日頃お世話になっている地元の名士や企業のトップのお歴々を招いた、接待の場だというではありませんか。いやいや、聞いてへんけど！

これでも、芸人生活25年（当時）。伊達《だて》に日本7周も全国ツアーをしていません。規模は数人から数十人、小さいながらも年間独演会は１０３公演、様々な修羅場もくぐってきました。

チケットを売るために駆けずり回ってくれた、居酒屋のマスターの顔から滲《にじ》み出る無言のプレッシャー。ある学園祭では実行委員の学生に「絶対スベらないでくださいよ。爆笑お願いします」と真顔で頼まれたこともあります。

ここも胸を叩いて「任せとけ！」と言いたいところですが、迷彩柄の戦闘服を着込んだ石田曹長の神妙な顔を見て、味わったことのない緊張が全身を走りぬけました。

事の重大さに気づきうろたえる僕に、彼は毅《き》然《ぜん》とした口調で言いました。

「この作戦に、ミスは許されません」

「ええっ……」

「日本最後の砦に、ミスは許されないのです」

最後の砦の砦が、僕？

「砦になれるぐらいなら、とうの昔に売れてます……」

なおもたたみかける石田曹長。

「地元の名士、重鎮、議員さんも来られます。お招きした限りは喜んでいただかないと、自衛隊の顔が立たんのです！」

僕は、腹を括《くく》りました。もうこれはお笑いライブやない。**自衛隊と僕の合同ミッションや！**

笑いのツボを探る定石の第一歩は、まず地域性を調べることです。美唄で盛り上がる地元ネ

感謝状

コラアゲンはいごうまん　殿

貴殿は平成二十三年三月十一日に発生した
東日本大震災に際して災害派遣の
命令に伴う活動に従事した隊員に対して
多大なるご支援等をなされ隊員の
士気高揚に大いに寄与されました
よってここに深く感謝の意を表します

平成二十四年九月二十七日

防衛大臣　森本　敏

当時の防衛大臣、森本敏さんの署名が入った感謝状。

タ、触れてはいけないタブーなどを尋ねると、石田さんは教えてくれました。
「美唄人は、まず笑わないです」

「えっ、笑わせてほしいと言いましたよね？」

「はい。絶対に笑わせてください」

「で、ですから僕のミッションは？」

「絶対笑わせてほしいんです」

「あの……住民の方々のツボとか……」

「笑うわけがない」

禅問答のような会話が続きます。

「深く分析したわけではないのですが、皆さん内向的といいますか、美唄の名士といわれる方々が笑っているところを見たことがないんです」

これは無理やろ……。でも、僕にも意地があります。一人で全国を回ってきた意地が！

その経験からいえば、大人しい人ばかり集まった会場でも、必ず一人や二人は、ノリのいい人がいるもの。そういう人を中心に攻めていけば、徐々に場は温まって、最後は全体が盛り上がります。そういう人はいませんか？　と尋ねると、石田曹長、口元に笑みを浮かべて、一枚の紙をテーブルに広げました。

それは――主要来訪者、美唄協力会、隊友会などの区分けと、一人一人の名前が書き込まれた忘年会当日の席次表でした。

この手際の良さ。後でわかったのですが、石田曹長は、演習の時に戦術を考えるプロだったのです。スイッチが入ったのか、説明が進むにつれ、口調までも激しく熱を帯びてくる。もはやお笑いライブの打ち合わせではありません。まさに作戦会議です。

「コラアゲンさん、よく覚えておいてくださいよ」

石田曹長はそう言うと、席次表のステージ真正面に陣取る森山会長（仮名）の名を、指し棒でバシッと叩きつけました。

「敵ッ！」

続いて特定の人を次々指しながら、

「敵ッ！　敵ッ！　敵ッ！――ここも敵ッ！」

「……ちょっと待ってください。敵しかいないやないですか！　まず、いの一番に指した森山さんってどんな方なんですか？」

「なんといいますか、気位が高いというか……」

「そうですか、そんな人は笑いませんな……では、先を続けてください」

まるで地雷の埋まっている地点を示すように、「敵ッ」「敵ッ」「敵ッ」と敵ばかりがマークされていきます。やっぱり敵しかおらんやん、と思っていると、一瞬、石田曹長が、躊躇《ちゅうちょ》しながら手を止めました。その指し棒の先には上村係長（仮名）とあります。

「味方？」

やっと味方が現れた！

「上村係長は結構笑ってくれるんですね！」

「ええ、彼は笑いやすい人間ではあるんですが——周りの空気に流されてしまうので、**結局は敵ッ！」**

ガクッ！

「味方になってくれないんですか？」

「上村君は……寝返るなあ」

一番ビックリしたのが、山岸支部長（仮名）という方の席を指した時のこと。この山岸支部長とは地元の会頭さんで、招待客の中で最年長、美唄で一番の名士といわれている御仁です。この方を、石田曹長はこう表現したのです。

「鬼軍曹」

めっちゃ怖いやん！　自衛官から見て鬼軍曹って！

「じゃあ、絶対笑わない人なんですね」

「いえ、笑う笑わない以前に、芸人が大嫌いなんです」

じゃあ、俺を呼ぶな！

「石田さん、これ無理ですよ……」

僕がそう言うと、石田さんもスベられたら困ると思ったのでしょう。巨大な敵に一人立ち向かうコラアゲン軍に〝集団的自衛権〟を行使し、共闘してくれることになりました。

「わかりました……最後の手段に出ましょう」

美唄駐屯地は、第一中隊、第二中隊、第三中隊、第四中隊、本部管理中隊、直接支援中隊の六つの部隊に分かれているのですが、その中の第三中隊がすごくノリがいいらしく、石田さんは真顔で言いました。

「第三中隊をライブ当日――最前線に配備します」

一枚岩の結束を誇る第三中隊は、過去数々のイベントを成功させてきたそうで――。

「別名、盛り上げの特殊部隊と呼ばれております」

そんな部隊、自衛隊に必要か？　そう思いましたが、背に腹はかえられない。藁《わら》にもすがる思いでお願いしました。

「わかりました、今晩中に出撃準備を整えさせておきます」

その心強い言葉だけを頼りに、作戦会議はお開きとなりました。

明けてライブ当日、午前11時。美唄駐屯地内の体育館は、自衛官のご家族も合わせて500人の超満員です。敵、味方以前に、僕はそもそもそんな大勢の観客に慣れていません。雰囲気に呑《の》まれそうです。

さっそく、前日に渡されていた「戦術マップ（席次表）」と、会場の面々とを照らし合わせます。シブい客層だと聞かされていても、実際行ったらそうでもなかった、というのはよくある話。かすかな希望とともに会場を見渡します。

苦虫を嚙み潰したような顔の森山会長。「鬼軍曹」の山岸支部長に関しては、何も始まってないのに、すでにご立腹のご様子です。

無理無理！　怒ってる人を笑わせるなんて、そんなアホな。そんなありえへんアウェイな環境で、会は始まりました。議員さんの挨拶、退屈なセレモニーが延々と続きます。誰一人クスリとも笑わず、重苦しい張り詰めた空気。

そんな中、僕の出番が迫ってきました。しかし、頼みの綱である〝盛り上げの特殊部隊〟がどこにも配備されていないのです。

「どうなってるんですか！」

石田曹長に詰め寄ると、彼は体育館の最後方の隅っこを指差しました。

「第三中隊は——今お餅をついています」

「は？」

「今日は我々自衛官は、ホストです。彼らは、森山会長や山岸支部長が召し上がるお餅を一生懸命ついています。ですので、即時配備はできません。ですが——我々自衛隊を信じてください」

石田曹長の真剣な表情を見て、僕は腹を括りました。

しかし、一つ不安なことがありました。彼らをいかにしてステージ最前線に配備するのか？

敵、いや観客はすでに席に着いている。衆人環視の中、へたに呼び出せばライブを盛り上げるサクラだとバレてしまうのではないか。そんなことになったら、鬼軍曹が黙っているはずがない——。

しかし、石田曹長、やる時はやる男です。満を持してマイクを摑《つか》むと、作戦開始の合図を発しました。

「第三中隊、第三中隊、枯れた大地に水をかけよ」

え、暗号？　意味不明のアナウンスが会場に流れるや否や、屈強な男たちは手にしていた杵《きね》を放り出して、一目散にこちらに駆けつけました。ついに、第三中隊が最前線に配備されたのです！

しかしよく考えてみれば、暗号らしき言葉で呼んだとはいえ、結局はサクラだとわかるのでは？　そんな一抹の不安を抱えながらも、舞台は整いました。石田曹長がステージに僕を呼び込みます。

「今日は皆様に、日頃の感謝の気持ちを込めて楽しんでいただこうと思いまして、東京から面白い人を呼んでいます。こんなに面白い人を、僕は今まで見たことがありません。さすがはワハハ本舗の芸人さんです。皆さんも大いに笑って楽しんでください！　では、拍手でお迎えください！　コラアゲンはいごうまんさん、どうぞッ！」

何をしてくれるんや！　見渡す限り敵だらけ、しかもその敵を束ねるのは鬼軍曹やぞ！　わざわざハードルを上げてどうすんねん。しかし、舞台は待ってくれません。僕は、やけっぱちでステージに飛び出しました。

「コラアゲンはいごうまんです」

芸人生活25年。ノリのいいお客さんに助けられたことは、何度もあります。でも、美唄駐屯地の第三中隊――こんな人たちは初めてでした。

最前線に配備された15人の男たちが、一斉に両手を頭の上で打ち鳴らしながら、声を張り上げたのです。

「はいごうまんッ！」「はいごうまんッ！」「はいごうまんッ！」

一糸乱れぬ、はいごうまんコール。押し込まれていた陣地を一気に奪還してくれました。

こ、これが、美唄駐屯地が世界に誇る盛り上げの特殊部隊か。

列の隅から聞こえてくるのは「は〜いごう〜まんいれば大〜丈夫〜」のメロディー。

米兵の行軍訓練か！　意外に日本人離れした特殊部隊です。しかし、彼らの真のすごさを知ったのは、ネタに入ってからでした。

話芸は、オチに持っていくまでの「ネタ振り」が生命線です。そこをきちんと聞いてもらわないと、オチで笑えません。でも素人さんは、ほとんどそのことに気づいていないものです。

しかしなぜなんでしょう。第三中隊は「ネタ振り」の大事さを知っているのです。

初めは騒がしく盛り上げていたのに、あっ、ネタ振りに入ったな？　と思った瞬間、嘘のように静かになる。そして一斉に耳を傾け、一転、オチになると爆発的に笑う。

ネタ振りで黙り、オチで大爆笑とハイタッチ、さらに「は〜いごう〜まんいれば大〜丈夫〜」の大合唱。この「お笑い鑑賞フルセット」を、何度も何度も繰り返してくれるのです。

ステージの半ば、15分を過ぎたあたりでしょうか。第三中隊の熱は、徐々に気難しい地元の名士たちの心を溶かし始めました。

敵陣に囲まれた恐怖から15分間、おもに友軍である第三中隊の方を向いてネタをしていた僕。しかしここまで避けていた「鬼軍曹」へ視線を移してみました。すると、あれほどご立腹だった顔が、ヒクヒクしている。明らかに笑いを堪《こら》えている顔に変わっているではないですか。

それまで築いてきた威厳もあるのでしょう。それをこんなお笑いライブで簡単に崩すわけにはいかない。そんな複雑な思いが伝わります。

しかしよく見ると、腕組みしている手の指に動きが……。なんと、「は～いごう～まんいれば大～丈夫～」のメロディーに合わせて、トントンとリズムを取っているのです！

そして次に繰り出したネタで、ついに鬼軍曹がプッ！　と噴き出した。

コラアゲンと自衛隊の連合軍が、難攻不落の城門をこじ開けた瞬間でした。

城門が開くと同時に、会場全体が笑いに包まれていきます。そしてラスト5分間は、完全に会場が一体となっていました。

持ち時間いっぱい語り切って「ありがとうございました！」と頭を下げると、５００人全員のスタンディング・オベーション。その中には、温和な表情で拍手をする、山岸鬼軍曹の姿もありました。

ここに、美唄駐屯地&ワハハ本舗による、敵殲滅《せんめつ》作戦が大勝利を収めたのです。

作戦成功の立役者は、他でもない、特殊部隊の配備を指揮した石田曹長です。一言お礼を言いたくて、石田さんの待つ曹長室を訪ねました。

「石田さん、ありがとうございました。おかげでめっちゃええライブになりました」

照れくさかったんでしょうね。石原裕次郎ばりにブラインド越しに外を見ていた彼は、振り向きざまに言いました。

「グッジョブ！」

＊

そして、2011年3月11日。世界を震撼させた東日本大震災が起こってしまいました。

ツアーで日本中を旅しているうちに、全国に知り合いがたくさんできました。

甚大な被害を受けた石巻にも、お世話になった知人がいます。何かお手伝いがしたい、そんな一心で、ボランティアの受け入れ態勢が整った4月、石巻に飛んでいきました。

僕がお手伝いすることになったのは、「泥出し」といって、津波が運んできた泥を家の中から外に出す仕事です。10人が一チームとなって、朝から晩まで作業をしても、2軒終えるのがやっとのキツイ作業でした。

疲れた体でボランティアの本部がある石巻専修大学に戻ると、道を隔てた目の前に駐留する自衛隊の災害派遣部隊に目がとまりました。

こんなことがあるんですね。その部隊こそが、つい3カ月前にお世話になった、美唄駐屯地の部隊だったのです。すぐに、石田曹長の携帯に電話をすると、飛び出してきてくれました。

「ああ〜コラアゲン！　どうしてここに？」

「ボランティアです。そうだ——僕に慰問ライブをさせてもらえませんか？　ぜひ、この前の恩返しをさせてください」

「そうか？　隊員みんな、コラアゲンのこと知ってるしな、喜ぶと思うわ」

石田曹長は、こころよく、押しかけライブを承諾してくれました。

夜の7時、目の前の空き地に配備されたのは、美唄駐屯地が世界に誇る「盛り上げの特殊部隊」の面々。

しかし、みんなの表情は、あの時とは一変していました。震災から1カ月。災害救助の最前線で想像を絶するものを見てきたのでしょう。まるで別人のようでした。

まず、石田曹長が挨拶に立ってくれました。

「たまたま、石巻地区の泥出しのボランティアに来ていたコラアゲンが、お笑いライブをやってくれるそうです。みんなも救助活動をやっていて、泥出しがどれだけ大変かわかるでしょ。コラアゲンもクタクタのはずです。でも、忘年会の時のお礼がしたいと、申し出てくれました。我々は救助活動をしながら、仏様を捜さなければなりません。この任務は明日も続きます。しかし、今から少しの間、ほんの少しの間だけ、そのことは横において、コラアゲンに楽しませてもらいませんか？　コラアゲンッ！　後は頼んだッ！」

その叫びとも思える口上に、涙を抑えきれませんでした。そして、ステージも何もない空き地で、拡声器を手にライブを始めました。

少しでも喜んでもらいたい、その一心で、あれも話そうこれも話そうと、取っておきのネタを喋《しゃべ》りまくりました。最後は、石巻で再会を果たした感動で、大団円を迎えると信じていました。

しかし、そこは善意が裏目裏目に出る、僕の性《さが》なんですね。4月といえど寒い石巻。夜だし、野外だし、連日の作業で疲れてるし……。どうやら、石田曹長が考えていたライブは口上にもあったように、ほんのひと時でよかったらしい。

40分喋り続けた後、新たなネタに入ろうとすると、我慢の限界を迎えた、石田曹長が飛び出してきました。

「コラアゲン、俺も部隊の奴らもお前のことは大好きだけど――頼む、帰ってくれ！」

なんと自衛隊の曹長が、売れない芸人に頭を下げた——。

「わかるだろ、早く隊員たちを休ませてやってくれ。明日も朝から作業があるんだ。この通りだ」

石田曹長はそう言って、僕にカンパンを握らせました。

「これをやるから、今日のところはお引き取りください」

遂に自衛隊から、即時撤退命令を出されました。

東京に戻ったある日。第三中隊の鈴木君に、電話をかけてみました。石田曹長は、あの時はああ言っていたけど、部下の隊員たちはもっと聞きたかったんじゃないか。そう思って、本心を探ってみました。

「僕たちはもっと聞きたかったですよ。次の日から元気に作業できましたし、みんなコラアゲンさんに感謝してた——んですが」

「が？　がって何？」

「コラアゲンさんのライブがあった翌日、松島基地で長渕剛さんが慰問ライブをされたの知ってますか。なんで松島は長渕で、美唄はコラアゲンなんだ？　っていう隊員たちの声が、あちこちで聞かれました」

ちょっと待て〜！

大勢の有名芸能人が、避難所を回っていたのはニュースで知っています。しかし、救助する側の自衛隊を慰問した芸能人は、おそらく僕が初めてだったはず。それなのに……。

ボランティアはその後も続けていたのですが、2012年の年末、新たな動きがありました。

ワハハ本舗に防衛省から電話が入ったんです。防衛省ですよ？　そんな立派なお役所が、売れない芸人の僕に何の用が——。

これが冒頭に紹介した感謝状の正体です。なんでも、1年半前の石巻の押しかけライブが、感謝状の対象になったらしく——。緑の制服の自衛官の方が2名、わざわざワハハ本舗の事務所にお越しくださって、感謝状を手渡してくださいました。

石巻で再会した美唄駐屯地の面々の前で、即席慰問ライブ。

何がすごいって、この感謝状をもらったのはほとんどが一般人で、芸能人はごくわずかなのです。

長渕剛、MISIA（ミーシャ）、コラアゲン！

どうです、これすごいでしょ。車にたとえたら、ベンツ、BMW、事故車ですけど。

不幸を招くコラアゲンはいごうまん。この後、防衛大臣が退任されました……。

「コラアゲンなんかに感謝状を贈ったりするからだ」

ワハハ本舗でそんな陰口を、何度も耳にしました。

神奈川県・横須賀市

サクラサク？　奴隷入学試験を受けた話

ある日、ワハハ本舗社長・喰始が僕を呼びつけて言いました。

「今回は、**奴隷になってもらいます！**」

奴隷といっても歴史的な負の遺産である「奴隷制度」の奴隷ではありません。今回のミッションは、ＳＭの女王様に仕える奴隷のことです。

ライブを観てくださったことのある方なら、薄々お気づきかと思いますが――**僕、変態です**。じつは僕には、「女性に無茶苦茶に支配されたい」という願望が、昔からありました。

なんとその琴線に触れるお題が、社長の口から出たのです。

ただ、どこから手をつけていいかわからない。ネットで検索をかけようにも、奴隷制度についての研究が引っかかってきそうです。

とりあえず願望も込めて「**奴隷になりたい**」と打ち込んでみました。

すると、予想に反して63万９０００件の大ヒット！

そのほとんどはＳＭの女王様が男奴隷を募集する、出会い系サイトの掲示板でした。

いくら画面をスクロールしても、スレッドが尽きることがありません。自らの性癖もあいまって、苦痛なくその掲示板に初めから目を通していると、ある書き込みが目にとまりました。

「雄豚奴隷募集します。但《ただ》し、お前が本当に奴隷として相応《ふさわ》しいか、奴隷としての能力を見極めるために、**奴隷の入試**を行います」

気がつけば、僕の人差し指はマウスが壊れるぐらい力強くクリックしていました。広大な砂漠の中から一粒の砂を見つけるような、運命の出会い。そんな女王様からの書き込みを、僕はついに見つけたのです。

奴隷の入試って何？　喰始の指令はどこかへ吹き飛んでいました。

女王様からのメッセージの最後にはこうありました。

「私の試験を受けてみたい者は、**志願書を送ってきなさい**」

読み終わると同時に、僕は女王様宛にメールを送っていました。すると、思いを感じていただけたのか、なんと即レスが返ってきました。

「奴隷の入試は昨日だったんだけど……」

どうやら締め切りを過ぎていたようです。しかしこの時すでに、僕は体験芸人としてのネタ取材よりも、個人的な趣味が優先していました。取材なんてどこへやらです。ダメならこの女王様とは縁がなかったと諦めるしかない。そんな覚悟で、もう一度メールを送ってみました。

「そこをなんとか、お願いします！　頑張ります！　追試をお願いします。どうか、どうか僕をいじめてください！」

その熱意は伝わり、晴れて奴隷の2次受付をしていただけることになりました。女王様の奴隷となるべく第一関門である受験を許されたのです。

さすがは奴隷の入試、どうやら女王様と直接メールできるのはここまでです。後はこの女王様の専属奴隷の方としか接触は許されません。調教が行き届いているのか、間髪いれずその専属奴隷さんから入試の日時・試験会場・諸注意の詳細が送られてきました。

●日時　8月30日、午後2時
●会場　横須賀××海水浴場
●試験内容　当日その海水浴場のどこかに女王様が奴隷と一緒にいます、見つけ出しなさい。見つけた証《あかし》として、①当日、女王様のお召しになっていた水着の色は何色だったか？　②その時、女王様は、奴隷にどんなことをさせていたか？　以上、二つの問いの答えをメールで送りなさい。

その答えによって、奴隷入試の合否が決まるようです。当日、逸《はや》る心を抑えきれない僕は、1時間も前から試験会場である海水浴場にスタンバイ。

少しフライングですが、午後1時頃から探索を開始しました。夏の焼けつく砂浜の隅から隅まで、女王様のお姿を、汗だくで捜し回ります。

気がつくと指定された午後2時を過ぎていました。もう、確実に女王様がこのどこかにいらっしゃるはず。しかし目に入るのは、サンオイルを塗り合っていちゃつく普通のカップルばかり。女王様と奴隷さんらしき姿を見つけ出すことができません。何度も往復した海岸線を振り返ると、彼方《かなた》に一本の松の木が目に入りました。そういえば、あの向こう側にはまだ行っていない！

試験は答案回収のチャイムが鳴るまで。時間ギリギリまで諦めない。学生時代にもこれぐらい頑張っていれば……。

その松の木は小さな丘に立っていました。悲鳴を上げる太腿《ふともも》を懸命に動かしながら丘の上に立つと、眼下の海に、小さなゴムボートを見つけました。

年の頃は20代後半でしょうか。女優の小雪に似た美しい黒髪の女性が、小さなゴムボートに身を任せ、波間に揺られています。

しかも、そのゴムボートからは一本のロープが延びており、その先にはロープを腰に巻きつけた蛭子能収似《えびすよしかず》の男がいました。どうやら男は、右へ左へジグザグに泳ぎながら、必死でボートを引っ張っているようです。

「これだ！」

奴隷入試の問題は、これに違いない。近くに寄って確かめようとした時、あることを思い出しました。

この受験には、二つの禁止事項があるのです。

①受験生は女王様にも奴隷にもいっさい話しかけてはならない。

②プレイ中のお二人の10メートル以内に決して近づいてはならない。

つまり受験者は、ただ遠くから眺めることしか許されていないのです。

ゴムボートの二人も、もしかしたら、ちょっとワガママな女の子とその彼氏がじゃれ合って

女王様に指定された、横須賀市のある海水浴場。

いるだけなのかもしれません。しかしこの海岸に、これ以上の奇妙な光景は見当たりません。十中八九間違いない、そんな思いでしばらく見ていると、海面に異様なものを見つけました。

女王様のボートから離れること数十メートル、青い波間に浮かぶ白髪頭。50代くらいの男性が近づきすぎず離れすぎず、僕と同じようにひたすら二人を見つめているではないですか。

確信しました。彼は、**奴隷入試の追試を受けている受験仲間だ――**。

奴隷になるための競争率が、この瞬間、2倍になりました。

女王様と奴隷さんが海岸から立ち去るのを待ってから、勇気を出して、海から上がってきた白髪の紳士に話しかけました。

「僕、奴隷の入試を受けに来た者なんですが、お父さんは何をしにここへ？」

彼は、おもむろに僕に手を差し出しました。握手すると爽やかな口調で――。

「ライバルですね」

そして続けた言葉が、さらに僕を驚かせました。

「お兄さんはこの入試何回目ですか？　僕は**二浪していまして、今回3回目**なんですよ」

二浪のうち1回は、入試問題の答えすら見つけ出せなかったそうです。

今回、女王様を見つけられたのがよほど嬉しかったのか、入試後の安堵《あんど》からなのか、初対面にもかかわらずお茶に誘っていただき、変態談議に花を咲かせました。

この紳士、年齢は57歳。自分の性癖に気づいたのは、7歳の時だったそうです。

「奴隷になって、かれこれ半世紀ですかね」

海を見渡すオープンテラスで感慨深げにおっしゃる姿は、不思議と爽やかに見えました。きっと僕にも同じ素質があるに違いありません。幸か不幸か、これまで女王様にお仕えするような経験はありませんでしたが、M的要素は子供の頃から自覚していました。

夢中になったプロレス中継で、アントニオ猪木がタイガー・ジェット・シンの振りおろすサーベルで頭を割られ、血みどろになり苦しんでいる。そんな猪木の表情を見て、幼いちんちんが勃起したのを今でも覚えています。そんな僕の変態的な告白にも、奴隷歴半世紀のこの紳士は、さもありなんと笑顔を返してくれました。

美女の乗ったゴムボートを必死で引く男性。これはもしや……。

「コラアゲンさんは猪木ですか。僕は馬場派です！」

プロレスをそんな角度から楽しめる僕たちは、Mレベルがかなり高いのではないでしょうか。出会って間もない二人でしたが、一気に親密度を高めることになりました。

目の前の紳士は、2浪という経験を踏まえた奴隷入試の傾向と対策を僕に伝授してくれました。なんと今回出題された問題には、じつは深い意味があるというのです。そもそもの出題内容は、

①当日、女王様のお召しになっていた水着の色は何色だったたか？

②その時、女王様は、奴隷にどんなことをさせていたか？

簡単かつ端的な答えを求める問題です。こんな問題なら、女王様と専属奴隷さんを海岸で見つけさえすれば、誰にでも答えられる。しかし単純な答えを書いて提出しても、この試験には絶対受からない。彼はそう力説するのです。あの女王様は、そんじょそこらの女王様とは格が違うのだと――。

「あの方は、馬鹿な奴隷は大嫌いなんです」

語りを生業《なりわい》とする僕が、紳士の話に引き込まれていました。

「答案の文体や言葉使い、全てが奴隷として相応しいか。単純な答えの中に、いかに詩的な表現を駆使して女王様を讃《たた》え崇《あが》めているか。そこまでが評価の対象とされています。採点は

厳しいですよ。そのことに気をつけて、受験に臨んだ方がいいですね」

奴隷の座を射止めるためのライバル同士ですが、仲良くなった証に連絡先を交換し、この有意義な一日は終わりました。

後日、女王様の代理として専属奴隷さんから、合格通知が届きました。僕と白髪の紳士の二人は超難関を突破し、見事奴隷に合格したのです！

と、ここまでが奴隷の入学試験に関するお話です。結論としては、めでたく桜は咲いたわけですが——この話はここでは終わりません。

女王様から合格通知が来たのは、旅の準備をしている時でした。

僕は毎年、全国ツアーという名の押しかけライブを日本各地で行っています。旅に出れば何カ月も東京には戻ってこられません。女王様にお仕えすることになれば、その呼び出しには何をおいても駆けつけなければなりません。それが奴隷の義務です。奴隷の都合は関係ないのです。

しかしツアーに出てしまったら、すぐに女王様のもとへ駆けつけることはできません。断腸の思いではありますが、お断りをするしかない——。

僕が芸人であること、舞台で奴隷について話すためにネタ作りとして今回入試に参加したこと、これから全国ツアーに出なければならないことなど、奴隷辞退にいたる正直な事情と、嘘偽りのない心からのお詫びをしたためたメールを送りました。

本当に失礼なメールです。女王様の逆鱗《げきりん》に触れるのは明らかです。追試をわざわざして受験のチャンスを与えてやったのに、冷やかしまがいの動機だったのですから……。

すぐに、女王様直々のメールが返ってきました。

「ああ、そう。芸人なんだ」

意外にも、お怒りの様子はなさそうです。一安心して、次の文面に目を移すと——。

「で、テレビには出ているのかい？」

さすがは女王様。いきなり、僕にとって最大の恥辱プレイ！　恥辱に身悶《みもだ》えしながら、僕はすぐさま女王様にメールを返信しました。

「舞台が中心で、テレビには出ていません……でも、これから全国ツアーの旅に出ます」

「そう、じゃあ、旅、頑張ってらっしゃい」

自らの都合で一方的に奴隷を断ったにもかかわらず、優しい女王様。その後もツアーの途中途中、女王様からライブの客入りの様子を尋ねるメールが届くようになりました。下っ端奴隷の世界では、女王様から直々に、命令ではなく奴隷を気遣うような内容のメールが届くことは稀《まれ》だそうです。

観客総勢6人だった日のメールには、女王様からありがたい一言が――。

「ダメな奴ね」

「お前ごとき無名芸人のネタ取材に付き合ってあげたのだから、奴隷の話を東京で語る時は必ず招待券を送りなさい」

年が明けて、その機会がやってきました。女王様が専属奴隷さんを従えて、ライブに来てくださったのです。この専属奴隷さんは、入試の時に全力でゴムボートを引っ張って泳いでいた方です。

女王様の前で奴隷ネタを語る。考え抜いた結果、歴史上存在した奴隷制度から始めて、今回取材させていただいたSMの世界へと話を構成しました。会場の笑いもいつも以上で、手応えを感じて舞台を降りました。

ご協力いただいたお礼を言わなければと、会場内を探したのですが、お二人の姿はすでにありません。

「美女と野獣――小雪さん似の黒髪の美女と、似つかわしくない蛭子能収さんみたいなカップル見なかった？」

受付係に尋ねると、二人は僕の出番が終わるとすぐに会場を後にしたということでした。直接お礼も言えずに後悔したその時、僕の携帯電話が鳴りました。

「専属奴隷の者です。あの～、今、女王様と一緒にいるんですが、女王様がどうしてもコラアゲンさんに一言言いたいとおっしゃっていますので、代わりますね」

メールをいただいたことは何度もありましたが、女王様の声を直接聞くのは初めてです。

その声は、女王様のイメージを覆すギャルっぽいハイトーンボイスでした。

「もしもしコラアゲン？　お前、チョ～つまんない！」

舞台での高揚感と余韻は、女王様の一撃で冷え切りました。

どうやら、女王様には奴隷制度の話は堅苦しく感じたらしく、次回から奴隷のネタを語る時は、前半部分を全面カットしろとのことでした。

「私のエピソードだけをコンパクトにまとめてお喋り！」

女王様から奴隷への命令は絶対です。それ以来、この奴隷ネタを語る時は、女王様の指示通りに喋っています。

＊

「専属奴隷の者ですけど……」

女王様がライブに来てくださった日から半年後のことです。懐かしい人からの電話が入りました。

あのライブの後、一つ気がかりなことがありました。ライブのネタとはいえ、専属奴隷さんが、女王様の乗ったボートを人力で引かされていた話を、当人の目の前で語ってしまったことです。もちろん個人を特定できないように配慮していますが、専属奴隷さんを傷つけてしまったのではないか、それがずっと心に引っかかっていました。

あらためてライブに足を運んでいただいたお礼を述べた後、そのことを告げると、専属奴隷さんは言いました。

「いえ嬉しかったです！　僕って変態でしょ。みんなに笑われて……感じちゃいました」

変態は奥が深い……。

ところで、なぜ久しぶりに連絡をくれたのか。尋ねると、彼は遠慮がちに言いました。

「夏、ですよね……。また、ゴムボートの季節がやってまいりました」

早いもので、僕が奴隷入試を受けてから、1年が経《た》とうとしていました。

専属奴隷さんいわく、この時期は毎年女王様のゴムボートを引っ張って泳ぐのだが、最近はマンネリ気味だそうです。その倦怠期打破のために、僕が必要らしいのです。

「私がロープで女王様を引いている姿を、見ていてくれませんか？」

見られている、その刺激が興奮を増幅させるのでしょう。そんなカンフル剤的役目が、僕に務まるのか――。躊躇していると、彼は僕じゃないとダメだと言うのです。

「コラアゲンさんは、僕と同じ匂いがします……」

ここまで言われたら、その思いに応えたい。それが人情じゃないですか。

ギラつく太陽の下、僕は再び例の海水浴場にやってきました。女王様のお乗りになるゴムボートを全身全霊で曳航《えいこう》する、専属奴隷さんを覗《のぞ》くためです。

じつは専属奴隷さんからは、ボートを引く自分の姿を写真に撮って記念にくれないかとお願いされていました。もちろん、そんなのはたやすいことです。喜んで協力させていただきます。

去年の奴隷入試の時は、波打ち際を数十分泳がされる姿を見ただけでした。しかし、それはいわば僕が、試験の終了間際に会場に飛び込んだ状況だったのです。

入試が始まる時間のはるか前に、専属奴隷さんは女王様を乗せたゴムボートを引き、海岸を出航しました。沖へ沖へ――外洋を目指してどこまでも泳いでいくのです。写真を撮ろうにも、僕のデジカメでは豆粒くらいの大きさにしか写せません。

後から聞いたのですが、この時、専属奴隷さんは「アメリカに向かえ！」と女王様に命令されていたそうです……。

その日の夜。女王様を自宅に送り届け、家路を急ぐ専属奴隷さんから、弾むような声で、電話がありました。僕の視線もお役に立ったのでしょうか。女王様からねぎらいの言葉をかけてもらった上、その日身につけていた水着をいただいたと、自慢げに話すのです。

「良かったですね〜！」

僕の反応に気を良くした専属奴隷さんは、続けて言いました。

「今、そのパンティーを頭に被《かぶ》って運転してます〜」

職務質問されたらと思うと、心配せずにはいられませんでした。

そして彼は、今日覗いてくれたお礼といってはなんだけど……と前置きした後、僕の取材を受けてもいいと言ってくれたのです。

願ってもない話です。後日、食事の約束をして電話を切りました。

食事会の当日。他人の目、いや耳を気にすることなくゆっくり語り合える場所をと、横浜の繁華街にあるカラオケボックスに陣取り、一曲も歌わずに気づけば5時間、ただ二人だけで語り合いました。

この専属奴隷さん、年齢は53歳。特殊な家具のメンテナンスをするお仕事をされています。専属奴隷さんの理想とする女性像は、もちろん男を顎で使う強気なタイプ。女王様との出会いは7年前。湘南の海岸で数人の奴隷を従えた彼女を見かけてひと目惚《ぼ》れ、その場で奴隷にしてほしいと懇願し、それ以来、女王様一筋だそうです。

興味があったので、あの女王様に仕えていて辛《つら》いことは何ですかと聞いてみました。

「あの女王様はね……わがままなんですよ……」

そりゃそうや、相手は女王様なんだから。

「アメリカに向かってゴムボートを引いていた時も、自分が命令しておいて、いつまで泳いでいるんだ、船酔いするだろッ！　とか言うんですよ」

「海から上がった後にお体を拭くバスタオルも私が管理しているんですが、ある時いつものバスタオルを忘れてしまったことがあって、その時の叱りようったら……。タオルなんて何でもいいと思いませんか？」

「プレイの後はいつも食事に連れていっていただくんですが——といっても食事代は私が払うんですけど、いつもあの女王様はご馳走《ちそう》ばかり食べるんです。ステーキだの寿司だのって。この前なんて、今日はお前も好きなもの食べていいよって優しく言ってくれたんですが、支払いは私なんですよ」

愚痴のオンパレードです。だったら、奴隷をやめたらいいのに……。そう思っていたら、専属奴隷さんは表情を一変させて、こんな話を始めました。

彼は仕事用の軽自動車で女王様の送り迎えをしていることを、常々申し訳なく思っていたそうです。そこである時、友人が所有するＢＭＷを借りてお迎えに行くと、女王様はその車を一瞥して、こうおっしゃったそうです。

「お前、この車どうしたんだ？」

「いつも女王様に小さな車に乗っていただくのを申し訳なく思っておりました。今日は友人から女王様に相応しい車を拝借してまいりました」

すると、女王様は優しくこう諭《さと》されたのです。

「そんなつまらないことは気にしなくていいんだよ。お前はあの小さな車で働いて、稼いだお金で私に尽くしてくれているんでしょ。あの車に誇りを持ちなさい。お前はお前のできる範囲で私に尽くしてくれればそれでいいんだから」

「そう言って……くれたんだよー！」と、防音設備でなければ危ない音量で号泣しだした専属奴隷さん。泣きながらも、「このエピソードは舞台で語る時には絶対入れてね、ただのわがままな女王様だと誤解されるといけないから」と必死に訴える、本当に可愛い人なのです。

ひとしきり泣いた後、専属奴隷さんは、鞄の中から大切そうに、パステルカラーの布切れを取り出しました。ハンカチで涙を拭くのかなと思いきや、よく見たらなんと、ビキニのパンティーなんです。

「コラアゲンさんだから見せてあげるんだよ」

どうやらそれが女王様から賜ったという逸品らしく、専属奴隷さんはさらに、そのパンティーを着用している女王様の写真を取り出して、実物と写真を交互に眺め、満面の笑みを浮かべています。

なんて感情の起伏の激しい人なんだ。

写真に写る女王様は、お世辞ではなく本当に美しい。僕は思わず「綺麗な人ですね〜」と言葉を漏らしました。

専属奴隷さんは、変態の彼を差別しない、なんなら同じ匂いを発する僕をいたく気に入ってくれたようでした。水着はあげられないけど、これならいいだろうと、悩みに悩み、苦渋の選択をしたあげく、あるものを僕にくれたのです。それは、いつも女王様の濡れたおみ足を拭く、ハンドタオルでした。

「僕にとっては、幸せの黄色いハンカチよりも大切なものなんだ。でも、コラアゲンさんとは兄弟以上の何かを感じるから、あげる」

ここから、専属奴隷さんの話は、奇妙な方向に向かっていきます。

ハンドタオルの代わりというわけではないがと前置きして、こう言うのです。

「僕が死んだら、このパンティーをお棺に一緒に入れてもらいたいんですよ……」

女王様手ずから賜った至宝の逸品と一緒に天国に旅立ちたい。その気持ちは僕にもよくわかります。しかし、専属奴隷さんには大きな悩みがありました。それは、誰にお棺に入れてもらえばいいのかということでした。奴隷であることは、家族には秘密にしている。いや、それ以前に、お棺にパンティーを入れていいものなのか——。

　結局、専属奴隷さんの人生最後のセレモニーで、手向《たむ》けのパンティーをお棺にこっそり忍ばせる重要な役目は、僕が担うことになりました。ただし、僕はご家族と面識がありませんから、何の連絡もなく急に亡くなってしまったら、葬儀には行けないですよ、それだけは気をつけてください、と釘を刺しておきました。すると、専属奴隷さんは、急に真面目な顔で言いました。

「即死だけはしないから、手向けのパンティー頼んだよ！」

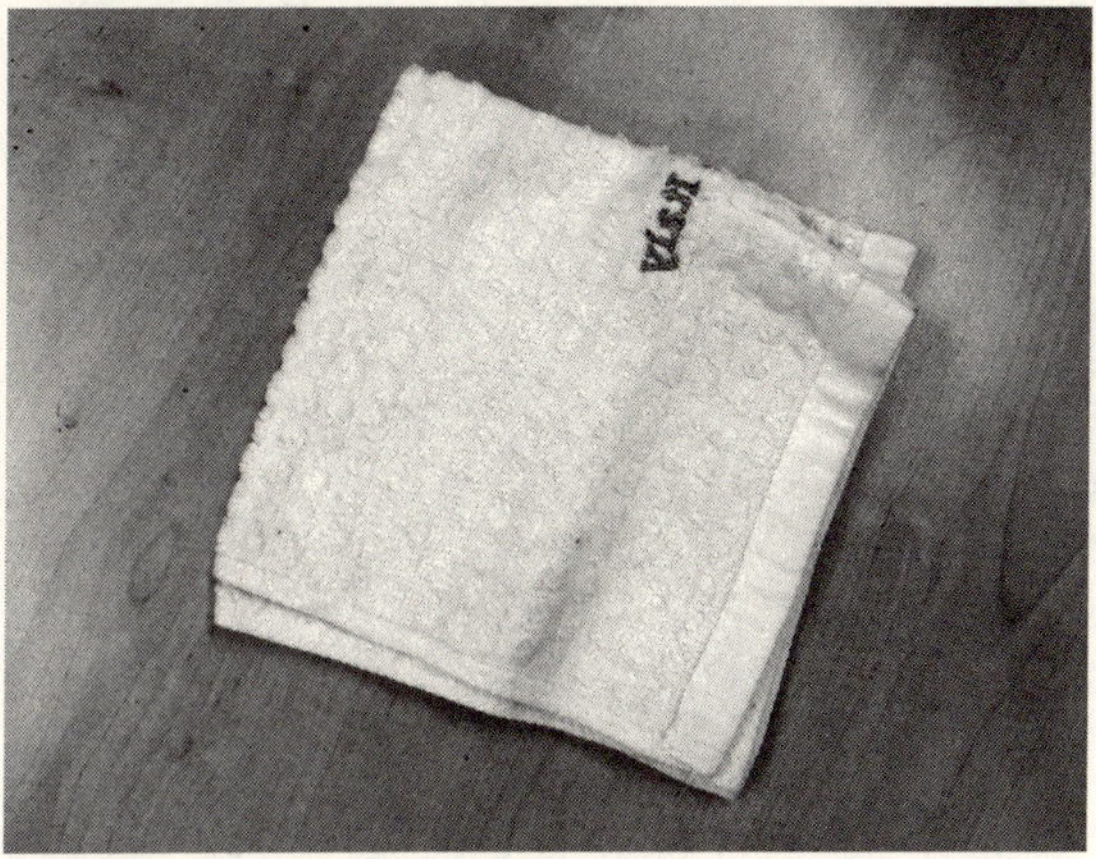

専属奴隷さんがくれた、女王様使用済みのハンドタオル。

そんな約束も頭の隅に追いやられた頃、専属奴隷さんから3度目の電話が入りました。

「専属奴隷の者ですけど……」

なんでも、池袋の某ホテルで、女王様が一般人奴隷を派手に鞭打《むちう》つ、鞭調教プレイがあるとのこと。専属奴隷さんは、滞りなくプレイが進行するように、オペ中の看護師のごとく、鞭やロウソクを素早く手渡すアシスタントとして参加するそうです。プレイの見学は無理だが、調教終了後、余韻の残るホテルに遊びに来ないかというお誘いでした。

専属奴隷さんに案内されホテルの部屋に入ると、僕のために、女王様がお使いになったアイテムや衣装を綺麗に並べて待っていてくれました。

「では……」

唐突に専属奴隷さんが女王様役となり、この部屋で繰り広げられていたSM調教プレイを、僕を奴隷役にして再現してくれました。あくまでも、僕に対する親切心からです。

ホテルの一室で、おっさんに調教される僕。専属奴隷さんはひと通り鞭調教の流れを見せてくれた後、僕を呼んだ真の目的を語りだしました。

「コラアゲンさんが来るまで、ずっと我慢していたことがあるんです。私一人、抜け駆けするわけにいきませんから……さあ、一緒に女王様のブーツの匂いを嗅《か》ぎましょう」

僕は右足、専属奴隷さんは左足。二人並んで女王様のブーツに鼻を突っ込みました。まるで密閉空間にいる、残りわずかな酸素に取りつく囚《とら》われ人のようです。

まったりとした時間の流れる中、専属奴隷さんに聞いた話によると、女王様はこう言っていたそうです。「アイツは芸人としても、奴隷としても使えない」

「ブーツの匂いを嗅ぎながら言うのもなんだけど……これからはノーマルな話も二人でしていきたいね」

専属奴隷さんがぽつりと漏らした一言が、静かな部屋に溶けていきます。

スーハー、スーハー……。

二人の呼吸音だけが響くホテルの一室で、ディープな夜は更けていきました。

後期高齢者のソープランドに行った話

北海道・帯広市

冬のある日、全国ツアーで北海道の帯広を訪ねた時のことです。

熱心に僕を応援してくれている地元の女性から、「ある噂」についての調査依頼を受けました。

ここ帯広には「帯広コルト」という、いっぷう変わったソープランドがあるらしい。

聞くところによると、そのソープランドの受付には一人のお婆さんが座っていて、入浴料を支払うと、こう言われるそうです。

「はい、じゃあ2階の部屋で待っていてください。後で若い子を行かせますから」

期待を胸に2階の部屋で待っていると、数分前に入浴料を手渡したそのお婆さんが、ソープ嬢として入ってくるのだそうです。

「チェンジッ!」

「はぁ?」

耳が遠いふりをしてしらばっくれるお婆さん。

さらに要求すると、やむなく出ていった泡姫婆さん、今度はドレスアップして部屋に入ってくるのだそうです。いや、そっちのチェンジじゃなくて……。

帯広では、都市伝説的に広まっている話なのだそうですが、こんな噂のある店に、地元の人間はわざわざ危険を冒して足を運びません。そこで白羽の矢が立ったのが僕というわけです。

「私、女だから調べようがないし。それに、帯広の人なら誰もが食いつくネタだから――コラちゃん、行って調べてきて！」

風俗は、僕も決して嫌いな方ではありませんから、二つ返事でその検証に行くことになりました。もちろん、調査費は自腹ですが……。

目指す帯広コルトは、飲み屋が立ち並ぶ帯広の繁華街のど真ん中にありました。夜空にくっきり浮かぶ赤い文字の看板が目印です。

すでにお気づきの方もおられるかもしれませんが、30年以上の歴史があるこの帯広コルトは、もともとは「帯広トルコ」という名前でした。

現在、個室付き特殊浴場は「ソープランド」という名称になっていますが、その昔、この手の風俗系サービスは「トルコ風呂」と呼ばれていました。

「チエ、チェンジッ！」

たとえばですが、当時こんな都市伝説があったそうです。

ある場所に、「大使館」という名のトルコ風呂がありました。この風俗店「トルコ大使館」と、正真正銘のトルコ政府大使館が五十音順に並んで電話帳に載っていたため、トルコ嬢を予約する間違い電話が、駐日大使館に頻繁にかかってきたという——。

まあこれは作り話だと思いますが、母国の名前が、トルコ本来の伝統ある公衆浴場ではなく、性風俗店の一般名称として使われている。それを知った一人のトルコ人留学生が、祖国の名誉を傷つけるのでトルコの名称を風俗店に使わないよう、時の厚生大臣に直接抗議を申し入れたのです。

そして1984年に「トルコ風呂」は「ソープランド」という名前に変わりました。新聞やテレビでも報じられたので、覚えておられる方もいるでしょう。

その時、例に漏れず、この「帯広トルコ」も看板の作り替えを迫られました。しかし、看板を新しい店名に作り替える資金がなかったらしく、ト・ル・コの文字配列だけを変えて「帯広コルト」にしたらしいのです。

店名だけでもすでに、いわくつきの案件です。

もし噂通りの店だったら、ネタとしては美味《おい》しいんですが、僕の下半身的には、ただの噂であってほしい……。そんなジレンマを抱えつつ、店に入りました。

目の前のフロントには、小さなお婆さんが座っていました。イメージするなら、女優の菅井きんさん。今にも、「婿殿」と言われそうです。

「ホンマなんや……」

ここまでは、噂で聞いていた通り。さあ、取材開始です。

僕の懐具合の問題もありますし、まずは料金体系を知っておかねばなりません。目の前のお婆さんに金額を尋ねました。

なんと、40分2万円——。新宿の歌舞伎町でも、1万5000円くらいの店がザラにあるというのに。噂が本当ならば、コンパニオンはこのお婆さんで、後にドレスアップして現れるだけです。なぜ、このお婆さんに2万円も支払わなければならないのか！

取材とはいえ、ここまでする必要はない。そ

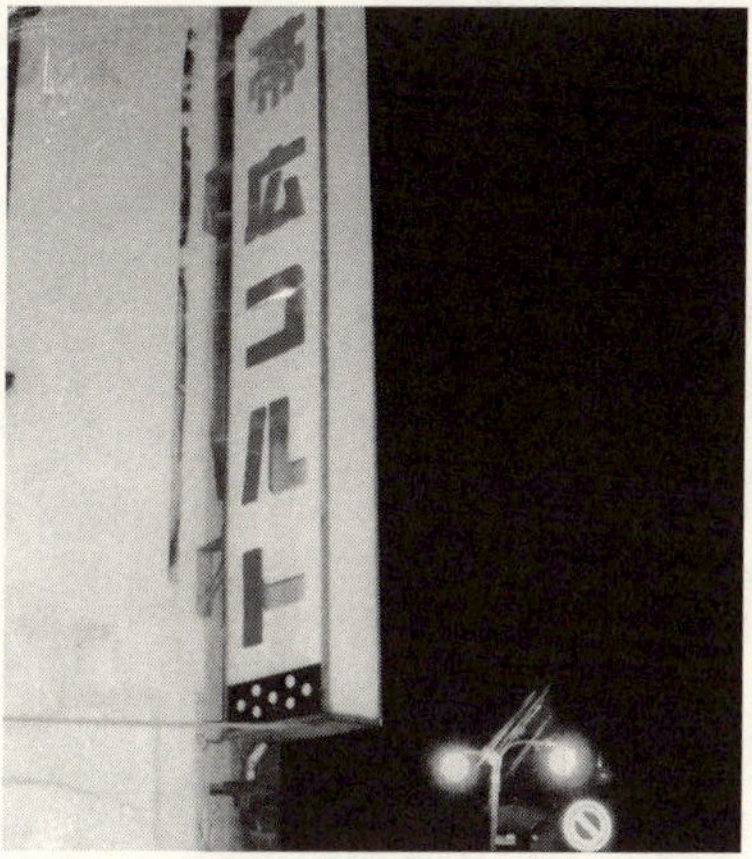

真っ赤な文字が目立つ、帯広コルトの看板。

う判断して丁重にお断りし、店を後にしようと背を向けた瞬間でした。お婆さんがフロントから身を乗り出し、僕の背中に言葉を投げかけました。

「1万6000！」

僕の足がピタリと止まりました。

「もう一声！」

「うう……1万5500……」

「きざまず切りよく！」

「1万5000！」

「乗ったッ！」

交渉成立です。いざ、支払いになり、自分の財布と菅井きん似のお婆さんの顔を何度も見返しているうちに、もう一声値切れないかと色気が出てしまいました。

「やっぱり、1万円にならへん？」

当然断られたんですが、その断り方がおかしくて……。

「無理無理無理無理、もー絶対無理ッ！　1万5000円が限界や、お兄ちゃん。これ以上値切られたら、**ウチ、原価割れや**」

原価割れ？　ずいぶん高い値段で仕入れとるな、この店。ともかく、今回は性欲を満たすためじゃない、と自分を納得させ、料金を支払いました。

「はい、じゃあ2階の部屋で待っていてください……後で若い子を行かせますから」

踏むたびにミシッミシッと音を立てる、細い階段を上り、沈んだ気持ちで指定された2階の部屋へ入ります。

個室付き特殊浴場とはよく言ったもので、たしかに浴槽は装備されている。ハッキリ言って、ここまでは聞いていた通りの展開です。

薄暗い部屋に入って待つこと、2分。扉が開き、今宵の私のパートナーが姿を現しました。三つ指をついて正座をしています。

「ひとみと申します」

よく見ると、三つ指をついているのではなく、へたり込むように突っ伏しているようです。そしてよろよろと顔を上げた女性の顔は――。

結論から言うと、都市伝説は本当――ではありませんでした。

目の前に現れたのは受付の〝菅井きん〟さんよりも、かなり年上の70代後半、いや、80を超えていそうな、老婆だったのです。

きんはきんでも、きんさんぎんさんか？　申し訳ないけど、正直萎《な》えました。でも、なけなしの1万5000円は、すでに僕の財布から離れてしまっている。

ライブに来てくれる、帯広のお客さんのために――僕は服を脱ぎました。

小さなベッドに、中年男と老婆のツーショット。

覚悟を決めて横たわった僕に寄り添い、ひとみ嬢のサービスが始まりました。

しわくちゃの手で僕の局部を執拗に愛撫してくれるのですが、超熟女フェチではない僕にとっては、正直ビジュアル的にキツイ。その上、御高齢のため垂れ下がったひとみ嬢の乳首が、僕の背中を縦横無尽に刺激してくるのです。

しかし、後期高齢者のソープ嬢を相手にした、悲惨な失敗談を期待されていた皆さん――残念なご報告があります。

普通に良かったです。

長年このお仕事に従事されている、いぶし銀のテクニックとでもいいましょうか。

お恥ずかしい話ですが、いざ行為にいたる前に、ひとみ嬢のハンドテクニックだけで未熟な僕は果てていたのです。

こんなお婆ちゃんにイかされてしまうなんて……。言い知れぬ敗北感が僕を襲いました。

ひとみ嬢の顔を見上げると、してやったりの表情。会った瞬間、僕が失望したことに気づいていたのでしょうね。

落ち込む僕の顔を覗き込んで、そっと言いました。

「まぁ〜だ、何もしてないのに」

く、悔しい……。

憐《あわ》れに思ったのか、ひとみさんは帰り支度を始めた僕に、こう話しかけました。

「お兄さん、お仕事何してるの？」

「芸人をしています」

「大変なお仕事なんでしょうね」

たしかに、独演会のように、初めから僕の話を聞くために人が集まってくれる機会はそうありません。

すでにでき上がったお客さんばかりの酒の席や、お気に入りの女性を口説くために来店している方を前に語っても、誰も耳を傾けてはくれません。ヤジられたり、物が飛んできたり、邪魔だとステージから引きずり下ろされたこともあります。

帯広コルトに来る前日がそんなステージだったこともあり、僕はついひとみさんに愚痴ってしまいました。そんな僕にかけてくれた彼女の何気ない言葉が、心に突き刺さりました。

「でも、そんな日ばかりでもないんじゃないの？」

その通り――。お客さんに喜んでもらえたり、全力を出し切って手応えを感じた帰り際にかけてくれる、温かい言葉――。

るのです。

「楽しかった〜」「元気が出たわ。明日からまた頑張るね」

そんな時は、この仕事を選んで良かったと、幸せな気持ちになれるのです。

「へぇ〜、豊かな人生だねぇ。私のように年齢を重ねてしまうと、これ以上進むと火傷《やけど》をするかもしれないと思って、感情をコントロールしてしまう。怪我《けが》はしないしそんなに悲しむこともない代わりに、大きな喜びもない人生を選んでしまう。だけどあなたは今、楽しいこと、悲しいこと、毎日起伏の激しい人生を送っている、それって豊かな人生だよね」

濡れた僕の局部を拭きながら、ひとみさんはそう励ましてくれたのです。そしてふと気づくと、人格のない僕の下半身は、敗北から立ち直り元気を取り戻していた——。

「あらあらっ！　お兄さん……**延長する？**」

僕は黙って頷《うなず》いていました。

高名なお坊さんの説法よりも、北の最果てで、ともすれば色眼鏡で見られる仕事をしている方から諭された言葉の方が、素直に入ってくることもある。

穏やかな気持ちで、心身ともにスッキリした僕は、店を後にしました。そしてまたいつか、帯広コルトに、ひとみさんに会いに行こうと誓ったのです。

この帯広コルトの取材は今後も続けなければいけない。僕は東京に帰ってからも、そういう思いでいっぱいでした。焦る理由は下半身の欲求ではありません。ぼやぼやしていると取材対象のひとみ嬢が、手の届かない世界へ旅立ってしまうかもしれないのです——。

しばらくして、ひとみさんの安否、いや、出勤シフトを尋ねる電話を帯広コルトにしてみました。

「ひとみは私だ。今日は夜まで店に出てる」

元気な声に安心したのですが、その数カ月後、帯広に住む知人から凶報が入りました。

なんと、帯広コルトが潰れたというのです！

もう、ひとみさんに会えないのか——。そんな切ない思いでいたのもつかの間、旭川の知人から新たな情報が入りました。

「旭川コルト」という店を見つけたと——。

ひとみ嬢が移籍を果たしているかどうかは、まだ確認できていません。しかし、北海道に寄った際は、必ず「旭川コルト」に突撃したいと思っています。

ショート・ミッション① 岐阜県・各務原市

地縛霊を笑わせろ！

ある夏の夜のことです。喰社長と雑談していたら、彼がこう言うんです。

「前から考えていたんですが——今度は心霊体験をしてきてください」

絶対思いつきです。

今まで社長の命令で、ヤクザの事務所に1カ月寝泊まりしたこともあります。新興宗教の集会に参加したこともあります。NASA（アメリカ航空宇宙局）に電話で取材を申し込んだこともあります。

「宇宙人に会いたいのですが」

「Hey boy. How old are you?」

子供扱いされて終わりましたが——。

しかし、心霊体験といっても、僕にはまったく霊感がありません。見えないものは見えない。時々空気すら読めずに、喰社長をイラつかせることもあるのです。

「そんな僕に、幽霊が見えるはずないでしょ！」

「私にだって見えませんよ！」

「なに、キレてるんですか。幽霊なんて見えないどころか、気配すら感じたこともないんですよ。いったいどこへ行けばいいんですか」

「大丈夫です！　地縛霊なんてそこら中にいるって、霊能者がよく言うじゃないですか」

僕は声を失いました。

「幽霊にコントを見せてきてください。いつも君のつまらない話を聞かされている僕の虚無感の一端を感じ取れるかもしれませんよ」

地縛霊なんてそこら中にいるって言われても、見えない僕がやみくもに虚空に向かってコントをしたところで、意味がありません……。

その時、ふと、喰さんが放った「霊能者」という言葉が脳裏をよぎりました。少し調べてみると、なにやら、権威ありそうな団体が見つかりました。

その名も、「日本霊能者協会」。

……切羽詰まった僕には、胡散臭《うさんくさ》さより救いの神に思えました。怒鳴られるのを覚悟しながら、恐る恐る連絡を取ってみると、なんと神対応！

その１週間後、日本霊能者協会の松居泉典会長自ら足を運んでくださり、長良川の河川敷で僕のために地縛霊を呼び寄せてくれたのです。

「コラアゲンさん、3名の地縛霊が集まってくれてますよ」

「ホントにいるんですか？　僕には何も見えませんけど……」

「ここと、あそこと、あちらに。三人様が、お客様としてコラアゲンさんを見てらっしゃいます。ささっ、お待たせしちゃいけません、どうぞ！」

僕には何も見えませんし、感じもしませんが、日本霊能者協会会長の霊能力を信じるしかありません。

ノンフィクション漫談に取り組みだして十数年。長い間封印していた、吉本興業時代のショートコントを、地縛霊さんの前で披露しました。

「…………」

——何の反応もありません。目の前には、風にそよぐ草っ原が広がっているだけ……。

ともあれ、僕は精いっぱい、やらせてもらいました。心地よい汗が、額に滲んでいます。

「松居会長、どうでしたか？　幽霊さんは喜んでくれたでしょうか？」

「う～ん……おひと方、途中で退席されて、今はお二人です」

「——僕、地縛霊の前でもスベったんですか？」

そうか、吉本で売れなかった原因は、これだったのか！

松居会長、霊だけじゃなく人にも優しいんです。落ち込む僕を慰めようとして、優しく声をかけて励ましてくれました。

「大丈夫、コラアゲンさん、あなたのコントは**除霊に使えるから**」

そんなもん、励ましになるかい！

刺青のコワあったかい話

神奈川県・横浜市&愛知県・豊橋市

ある初夏の昼下がり——そろそろ、次のライブに向けて新しいネタを作らなければと、追い詰められていた僕に、ワハハ本舗社長の喰始は言いました。

「次は刺青《いれずみ》を取材してもらいましょうか」

「嫌です！」

「刺青＝怖い」としか認識できない僕は即答したのですが、念のために「なんでそのテーマなんですか？」と聞いてみると、すごい答えが返ってきたのです。

「別に」

こうして強制的に、かつ恐る恐る始まった刺青取材は、なんと足かけ16年続いています。

今も取材継続中の大切なネタになっているのは、「刺青」というディープな素材だからではありません。取材の過程でお世話になった「彫師」の方々の魅力に、つい引き込まれてしまったからなのです。

ワハハ本舗は、変人奇人のるつぼ。それでもさすがに刺青に詳しい人などいません。手当たり次第にネットを使って調べてみますと、横浜に「文身《いれずみ》歴史資料館」なる施設があることがわかりました。

公に資料館として開放しているのなら、安全なところに違いない。とりあえずここを足がかりに調査を始めようと思ったわけです。

しかし、ここが〝刺青界のエベレスト〟だとは、この時は知るよしもなかった——。

いざ行ってみたら小さい郵便局くらいの館内に、刺青にまつわる写真、古文書、道具、全身刺青まみれのキューピー人形など、数百点の資料が展示されていました。

しかし、ひと通り眺めてみても、いっさい頭に入ってきません。

なぜなら、BGMもない無音の館内にいるのは、元レディース丸出しの加賀まりこ似の40代女性スタッフと僕の二人だけ。

……気まずい。そして怖い。でもこのまますごすご帰るわけにはいきません。恐る恐る、刺青取材を申し込んでみると、加賀まりこは言うのです。

「取材なら、**三代目**にしていただけますか？」

僕も芸人の端くれです。中には三代目、四代目と呼ばれる落語家さんの知り合いもいます。でも、今、加賀まりこの口から出てきた三代目は……あぁ〜やっぱり危険な香りの方なのね。

僕が取材を申し込んだのは、じつは彫師の「三代目・彫よし」さんの奥様だったのです。

に、話はどんどん進んでいきます。

「電話してあげるから」

——日を改めて、心の準備をしてから仕切り直したい。そんな小心者の僕の思いとは裏腹に、話はどんどん進んでいきます。

奥様に地図を書いていただき、三代目の待つ仕事場へその足で向かうことになりました。しかし、刺青彫りの現場に行くことなど、もちろん初めて。緊張はマックスに高まります。

「失礼します、コラアゲンはいごうまんと申します！」

奥から姿を現したのは「三代目・彫よし」さん——威圧感が半端ありません。服の襟元やシャツの袖からチラリと覗く刺青、頭皮まで、見事な彫り物で埋め尽くされています。パッと見は、組の最高幹部にしか思えません。

「嫁から一応連絡あったけど、詳しいことは聞いてねぇ。おたくさんかい、何か話があるってのは。今、仕事終わったから——とりあえず飯でも行くか」

え、いきなり食事ですか？　雰囲気に呑まれたままの僕は、食事が喉を通るか心配しつつ、一軒の焼き鳥屋さんの暖簾《のれん》をくぐりました。

「お客様、2名様ですね？」

カウンターに案内しようとする店員を制止し、彫よしさんは言うのです。

「いや、後からもう二人来る」

えっ、誰っ！　人増えるの!?　絶対その筋の人やん！

永遠かと思うほどに長く感じた数分。同業の彫師の方が二人、連れ立って店に入ってこられました。

焼き鳥屋の小さな4人掛けのテーブルに、**刺青、刺青、刺青、コラアゲン**。ありえへん非日常の光景です。

さて、取材ノートを取り出してはみたものの、雰囲気に呑まれた僕は、第一声が出せません。いや、聞きたいことはあるのです。なんで刺青なんか入れているんですか——と。

いや、「刺青なんか」なんて聞いたら怒られるに決まってる。言葉の選択を少しでも間違えたら——そう思うと、なかなか言葉が出てこないのです。

横浜市にある、文身歴史資料館。

そんな気まずい雰囲気を破ってくれたのが、三代目・彫よしさんでした。

「芸人さんなんだって？」

「……はい」

「で、芸人さんが、人生背負ってるこの刺青を、どう笑いにするつもりなの」

もちろん、その目は笑っていません。

僕はすでに半ベソ。でも、怒られるのを覚悟で、正直に答えるしかないと、腹が据わりました。

「僕にもわかりません。答えになるかどうかわかりませんが、今までやってきた僕の芸を聞いてください」

狭い焼き鳥屋さんで、66ページでもお話しした、地縛霊ネタを必死に語りました。

すると、強面《こわもて》の彫よしさんが大爆笑！

「せつねぇ奴だなあ。だが、お前が茶化すつもりじゃないってのはよくわかった。その刺青バージョンを作りたいってことだな。よし、俺が協力してやろう」

難航するであろうと思っていた刺青話が急転直下、最強のサポート態勢が整ったのです。

「よし、じゃあ最初に教えておいてやろう」と彫よしさんは言いました。

刺青にはアメリカン・タトゥーと日本伝統刺青の2種類がある。アメリカン・タトゥーは若者がファッションで入れるものだが、日本伝統刺青はその一人一人の生き様が刻み込まれているものだ。これには絶対触れちゃいけない――というのです。

「もしこれを少しでも茶化したりすれば……」

「すれば……？」

「的になるわな」

マト？　いやいや、まだ、売れもしないうちに人生を終えるのはまっぴらごめんや！

「ハハハッ……行儀の悪い子は、どこにでもいるからな」

行儀が悪いとかそういう問題とちゃうわ！

「でも、ネタを面白くするには、少しは踏み込んでみたいだろ？」

彫よしさんは抜け道がある、と言って悪知恵を授けてくれました。

刺青界のカリスマ「三代目・彫よし」さん。

現在の伝統刺青は、プロの彫師さんが魂を込めて彫るものだが、戦後の混乱期は、作業員宿舎の労働者たちがお互いに刺青を彫り合うことがよくあったそう。

そこでありがちだったのが、素人ならではの漢字の彫り間違い。彫よしさんは、過去にそんな刺青をたくさん見てきたそうなのです。

「男一匹って書きたかったんだろうねえ」

それが何を間違えたか、二の腕に彫られた文字は、「匹」が「四」になって「男一四」。1匹どころか14人に増えてるやないか！

また「御意見無用」と書こうとしたのに、行人偏《ぎょうにんべん》を書き忘れたがために、「卸意見無用」になってたり。それはたしかに意見いらんやろう、とツッコみたくなります。

また、首から数珠をかけた絵柄を彫るつもりだったんでしょう。胸から首の後ろに向かって数珠の玉を一つ一つ彫っていったら、前に戻ってきた時にズレて、輪にならなかったという話もありました。

こんな話なら、大昔のことで誰が入れていたのか、また、誰が彫ったかもわからないから、イジってネタにしても大丈夫だろうと、ネタまで彫よしさんが仕込んでくれました。

「彫師の世界は、墨磨り3年、筋8年、ぼかしは一生」

彫師という職業は、修業に恐ろしく年季を入れる職人の世界でもあるのです。

アポなしで来たにもかかわらず、こんなに親切に話を聞かせていただけるとは思いませんでした。せめて、この食事代くらいは僕が支払わなければ、と思ったのですが、当時も今も、お金にはまったく縁のない生活をしている僕です。せめて自分の分だけでも、と、恥ずかしながら皺《しわ》くちゃの千円札を3枚、そっとテーブルの隅に置きました。

「てめえ、なんだこの金！　お前みたいな貧乏芸人から、三代目・彫よしが金をせしめたとなりゃ、看板に傷がつくんだよ！」

彫よしさんが、初めて会う僕を食事に誘ってくれたのにはわけがあったのです。

これまでも刺青について取材されるたびに、彫よしさんはちゃんと応じられているそうです。でも、電話取材では用件は伝わっても、熱量は伝わりません。

「俺に挨拶しに来た時、お前心底ビビッてたろ」

あ、やっぱりバレてたんですね……。

「顔見りゃわかるよ。それでも飛び込んできたお前の勇気を買って、飯ぐらい食わせてやろうと思ったんだよ」

無名芸人に対して、ここまで真剣に接してくれるなんて――僕は思わず感動してしまいました。

「いいか、これからは金は出さずに――顔出しな」

他人様《ひとさま》の肌に直接墨を入れるという、失敗の許されない刺青職人の世界。その最高峰である彫よしさんの器に惚れ込んでしまった僕は、それ以来、毎週のように訪ねていっては、取材をする……わけでもなく、ただ腹いっぱいご飯をご馳走になっていました。

*

彫よしさんに会うために横浜に通っていたある日のこと。僕は気づいてしまったのです。左手に――人差し指がない。

もちろん理由を知りたい。でもおいそれとは聞けません。

そんな話を事務所でしていると、うっかり社長の喰さんの耳に入ってしまいました。

「ぜひ、聞いてきなさい」

社長はいいよ、渋谷の事務所の地下室で僕を遠隔操作すればいいだけなんだから！　事件は常に現場で起こってるんだよ！

そう思いましたが、こちらもこちらでヤクザな世界です。社長といえば親分同然です。

いつもご馳走になっている飲み屋さんで、彫よしさんがいい具合に酔いの回ったのを見計らい、決死の覚悟で聞いてみました。

「あの、あの、そのひ、左手の人差し指は――なんでないんですか？」

　社長からの指令を受けてから数日間。どんな答えが返ってきても対応できるように、思いつく限りのシミュレーションをしてきました。

　やっぱり、よく聞くところの落とし前ってやつかな？　だったら元極道？　もし、そうだったとしても、僕は今の彫よしさんが大好きです！　そう言おうと準備していました。

　しかしこの答えは、予測できませんでした。

「ああ、これか？　アライグマにかじられた」

「は？」

「アライグマにかじられた」

　これが、本当の話なんです。彫よしさんの奥様は大変動物好きな方なのですが、20年以上前に、飼っていたアライグマがいつも愛猫をいじめるので、とうとう隔離することになったそうです。アライグマを檻《おり》に押し込もうとしたその時――。

「俺の指をカプッ！　と」

　極道の世界では、よく「指を詰める」といいますが、彫よしさんいわく、その詰める指にもそれぞれ意味があるらしいんです。

　小指を詰めるのは仕事の落とし前。親指を詰めるのは博打の落とし前。人差し指は――女の落とし前。つまり、人差し指は、兄貴の女に手を出してしまったとか、女性関係の不始末を犯した者を、業界で晒《さら》し者にするために詰めるのだそうです。

これが彫よしさんには辛い。

彫師の仕事をされてますから、当然その手の業界の方も顧客とされています。その時、必ず彫よしさんの人差し指を見てニヤニヤしながら、「彫よしさんも若い頃は相当ヤンチャしてたんですね～」と言われるのだそうです。

「そのたびに、アライグマにかじられたと説明するのが情けない」

この頃、僕の中である思いが募っていました。

ここまで読んでもらってわかる通り、三代目・彫よしさんとは、アライグマのことまで隠さず話してくれて、舞台で笑いにしてもかまわない、そんな人です。

じつはこの彫よしさん、「世界の彫よし」と呼ばれていて、世界中の彫師さんがわざわざ海を渡って会いに来るほどの方なのです。

僕が彫よしさんに取材をしていると関係者に話すと、いつも驚かれます。「えっ、いきなりテッペンに行ったのか！」と。

こんな人に巡り合えたのだ。体験ノンフィクション漫談の看板を掲げているからには、もっと深く体験したい。その答えは、一つしかありません。

僕の体にも刺青を彫る。

彫ったら、どんな痛みがあるのだろうか？　でも彫よしさんになら彫ってもらいたい。そんな思いが抑えられなくなっていました。一大決心をした僕は、社長の喰さんに相談してみました。しかし「芸人は人前に出る仕事です。それを忘れてはいけません」と、どうしても許してもらえません。

仕事場を訪ねたある日、彫よしさんに打ち明けました。

「僕は刺青の痛みを感じたい。でも社長が許してくれないんです」

すると彫よしさん、不敵な笑みを浮かべました。

「一つ面白いことやってやろうか」

そして、おもむろに僕を寝かせると、僕の左腕に刺青を彫り始めたのです。

「心配すんな、一週間で跡形もなく綺麗に消えるから」

跡を残さず、痛みだけを味わわせてやると言われ、僕はカミソリで切られるような痛みになんとか耐え切りました。

「よく耐えたな……彫ってる最中、声を出す奴がいるが、そいつは負けた奴だ。よく声を出さなかった」

彫よしさんに褒められた、俺は男や！　そんな誇らしい気持ちで激痛に耐えた左腕に目をやると、くっきりとある5文字が記されていました。

はあ？　コラアゲン？　あの彫よしさんに、僕はつい、声を荒らげてしまいました。

「なんでコラアゲンやねん！　消えなかったらどうしてくれるんや！」

窮鼠猫《きゅうそ》を噛む。今までにない僕の剣幕に焦る彫よしさん……。

「だ、だって、お前コラアゲンじゃないか！」

「だからって、なんでコラアゲンって彫るんですか！　もっとカッコいいのがあるでしょ！」

「大丈夫だよ、1週間で消えるから……」

変化を記録してみろと言うので、僕は毎日写真を撮り続けました。

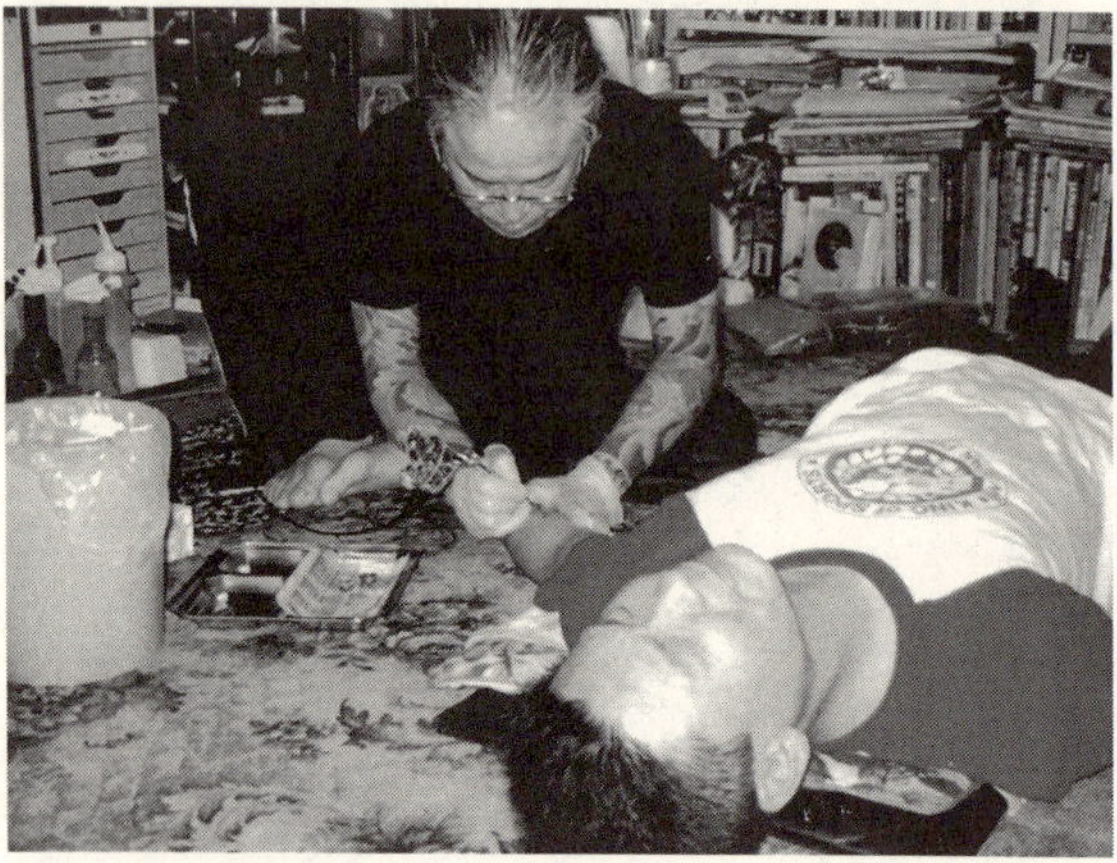

僕の左腕に刺青を彫る彫よしさん。とにかく痛かった……。

するとビックリ。翌日はミミズ腫《ば》れのように隆起した刺青が、日が経つごとに薄れていくではないですか。

そして彫よしさんの言葉通り、カッコ悪い「コラアゲン」の文字は、カサブタとともに、一週間で跡形もなく綺麗に消え去りました。後に取材で知り合った他の彫師さんも、この消える刺青の仕組みはわからないようで、皆さん首を捻《ひね》っていました。

腕にコラアゲンというたった5文字を彫っただけですが、僕はその痛みを体験することができました。

その刺青を全身に入れている彫よしさん。唯一苦手なのが、「注射」だそうです。

「刺青は好きだから我慢できるけど、注射は好きじゃないから我慢できない」

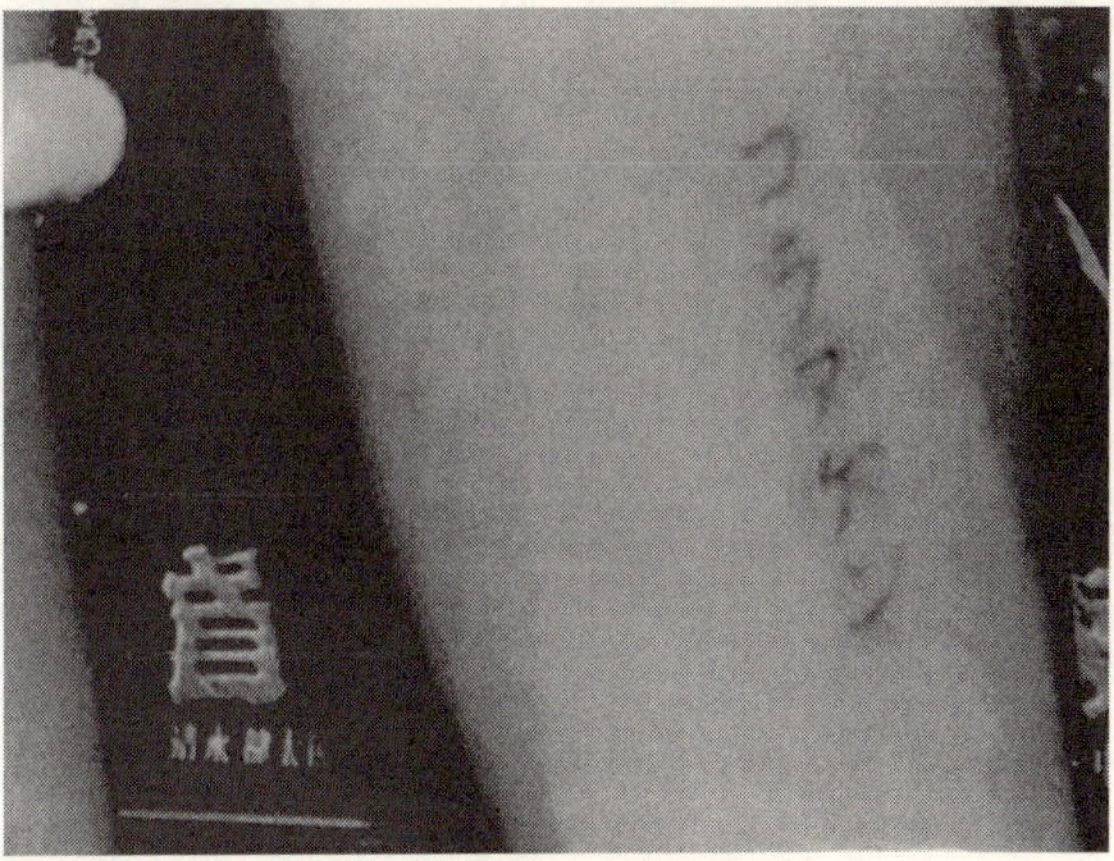

左腕に彫られた文字がこれ。信じられます？

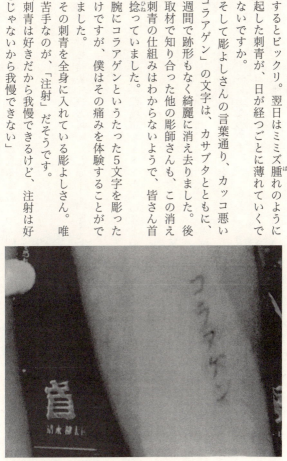

僕は〝世界の彫よし〟と言われるその方の人間くささにますます惹かれていきました。

＊

刺青取材を始めてひと月経った頃——。彫よしさんからドスの利いた声で電話がかかってきました。

「おい、次の日曜日あいてるか」

なんでも、愛知県豊橋市でイベントがあるとのこと。その名も「タトゥー・サミット2003」。

タトゥー・サミット？　刺青首脳会議？　どんなイベントなんや！

しかも、2003ってことは以前にも、いや、毎年開かれているのか……。

聞くと、その趣旨は、キャリアや国内外を問わず、刺青道に精進している彫師さんが一堂に会して、観客の前で刺青の実演を見せるという、観客にとっても、彫師さんにとっても一年に一度の大イベントなのです。

「刺青の話を語るなら、その場の空気は吸っておいて損はないぞ」

彫よしさんは、俺のブースも出すから、当日俺を訪ねてこい、と言ってくれました。体験ノンフィクション漫談を身上とするからには、怖いと言って逃げてはいられません。覚悟を決めて豊橋に向かいました。

会場は外国人が集まる、とあるBAR。

駐車場に停まっている車は、道で会ったら避《よ》けて通りそうないかつい改造車ばかり。

さあ、これはうかつに店内に入ったら、空気に呑まれるぞ。僕はそう思いました。

覚悟を決めて会場に入ると、案の定、いかつい彫師さんだらけ。店内のいたるところで、実際に刺青を彫っているではないですか。なかには、女性の彫師さんもいます。

入り口付近で異様な空気に呑まれていると、彫よしさんが僕に気づいてくれました。そして嬉しそうに、このタトゥー・サミットの総合プロデューサーである「初代・彫鯉《ほりこい》」さんを紹介してやると言うのです。

「彫鯉さん、こいつコラアゲン。すごく馬鹿な奴で……もう、ビックリするほど馬鹿なんだけど、一生懸命なんだよ、可愛がってやってよ」

彫よしさんに声をかけられた彫鯉さん。彫りの手を止めてゆっくり僕の方を振り向きました。

「ゆっくり……遊んでいってなぁ……」

その遊び方がわからへん。任侠《にんきょう》映画から抜け出てきたようなその声に、僕の脳が揺れました。

ただ、そう言われてその日一日、会場にいたけれど、圧倒されて取材どころではありませんでした。

「何か感じるものはあったか？」と、彫よしさんに尋ねられても、僕はうなだれるばかり。

「空気に呑まれたってだけでも収穫と違うか？　タトゥー・サミットを見せたかったのもあるけど、今回はな、お前に『初代・彫鯉』さんを紹介したかったんだ。この人は、必ずお前の力になってくれるから」

すると彫鯉さんも、

「わかった。豊橋に来ることがあったら、いつでもこの彫鯉を訪ねてきたらええ」

偶然にも1週間後、浜松での仕事が入っていたので、そのままお言葉に甘えて彫鯉さんの仕事場を訪ねました。

この、初代・彫鯉さんという方もまた、彫師さんの世界ではすごい人で――。某雑誌で『初代彫鯉・絆の旅』という漫画にもなっている、伝説の人なんです。

張り詰めた空気の中、声をかけたくてもかけられない僕は、客人の背中に刺青を彫る彫鯉さんの姿を見つめるばかり。そんな僕を気遣ってか、彫鯉さんの方から話しかけてくれました。

「わしが言うのもおかしな話やが――どうしてこんな痛い思いまでして刺青を彫るんやろうなあ」

ピンポン！

取材を始めた当初から一番聞きたかった、まさに核心をついた質問でした。そして彫っている最中の客人の背に針を突き刺しながら尋ねるのです。

「おい、お前はどうして彫る？」

今聞くんかい！　そう思いましたが、問うたのが彫鯉さんだからでしょうね。若い客人は激痛に耐えながらも、律儀に答えてくれました。

「カ、カッコいいからです……」

「そうか」

それから、来る客、来る客に、針を突き刺しながら尋ねてくれるのです。

「お前はなぜだ？」「お前はどうして彫る？」

めちゃめちゃシュールな意識調査です。

すると、ペットショップを経営しているという30代の客人が、こんな答えを返してくれました。

「刺青を入れて良かったと思うことが一つあります」

「ほう」

「相手の人間性がよくわかるようになりました。刺青を入れた途端、仲間の多くが僕から去っていきました。でも、今も付き合いのある友達は、僕の中身を見てくれているんだなと」

「これッ!」

彫鯉さん、突如大きな声で言いました。

「刺青が悪いわけじゃない。刺青を背負っていてもまともな奴もいる。刺青を入れてなくても、悪いことをする奴は山ほどいるだろ」

だから、彫鯉さんは、閉鎖的な刺青の世界を少しでも広げるために、タトゥー・サミットを毎年開いているのです。

「コラアゲンも早く一人前になって、刺青の世界と一般の世界を繋《つな》ぐ懸け橋になってくれ」

いやいや、僕には荷が重すぎますから!

その2カ月後、彫鯉さん主催でなんと『ワハハ本舗ライブin豊橋』を開いていただけることになりました。

「MCは私が務めますッ!」

喰社長が自ら若手を引き連れ、豊橋に乗り込みました。

しかし、不安が一つだけあります。主催があの彫鯉さん――客層は大丈夫なのか？

当日、舞台の隅から客席を覗き見ると、不安は的中。

「ご苦労様ですッ！　ご苦労様ですッ！」

集まってくるお客さん一人一人に向かって、若い衆が深々と頭を下げ続けているではないですか。もはやどこかの組の襲名披露パーティーです。

そんな異様な雰囲気の中、一人興奮している男がいました。他でもない喰社長です。

「これはすごいッ！　すごいですよッ！　今日は絶対何かが起こりますよ～！」

はたして、ライブはファンキーな社長の予想通りになりました。

強面の観客の前でも若手の芸は笑いを取り、想像以上に盛り上がって迎えた僕の出番。

「いよいよトリでございます。彼と彫鯉さんのお付き合いから、今日のライブは実現しました。盛大な拍手でお迎えください。コラアゲンはいごうまん、どうぞ！」

喰社長が、満を持して僕を呼び入れました。

客席の盛大な拍手に迎えられた僕は、渾身の刺青ネタを披露し――信じられないほど、スベりました。

「彫師さんの世界では、墨磨り3年、筋8年、ぼかしは一生――」

「そんなこと知ってるよ……だから？」

「この世界には、タトゥー・サミットっちゅう妙なイベントがありましてねえ――」

「俺も、実行委員の一人なんだけど」

よく考えれば当たり前です。この日の観客は、長年その世界で生きている人たちばかりなんですから。

あとは、最後の切り札しかない。彫鯉さんが手がけた刺青の写真集、その中から全身刺青の写真を観客に向けて広げて見せました。驚きの声が上がると思いきや――。

「あっ、その写真俺や！　ほら、これ彫鯉さんに彫ってもらったやつ！」

シャツを捲《まく》り上げて刺青を見せながら、モデル本人がステージに上がってくる始末。

刺青ネタを選んだ僕の完敗でした。

そんな彫よしさん、彫鯉さんとの関係は今も続いております。

人生の先輩として、男として――腹いっぱいご飯をご馳走になりながら、貴重な話を聞かせていただいております。このお話はこれからも進化を続けます。

「刺青12年史」の途中報告、まずは、ここまで。

東京都・江東区東陽町

調べて驚いた、教科書の深〜い話

東京都江東区の東陽町に、教科書だけを集めた図書館があります。

正式名称は「公益財団法人教科書研究センター附属教科書図書館」。なんと、昭和25年から現在にいたるまでの、全ての教科書がここに保管されているのです。

ここを訪れるのは基本的に研究者や学校の先生、これから教師を目指そうとする学生さんが中心です。彼らに交じって、明らかに場違いな僕が3日間通いつめた理由とは——。

事の始まりは、ワハハ本舗の喰始社長のくだらない自慢でした。

「私は明け方の駅のホームで、ゲロの数を調べたことがあります」

ホントにくだらない……。

でも、時間のかかる大ネタばかりでなく、箸休めというか、息抜きになるような短いネタも持っておいて損はありません。それならば、ネタはくだらなければくだらないほどいい。

そこでふと思いついたのが、教科書の算数問題に出てくる子供の名前についてでした。

「太郎君が買い物に行きました——」「花子さんがおはじきを数えています——」とか、例題に使われる名前は様々です。その中で一番登場回数が多いのは、どんな名前なのか。

くだらないけれど、きっと誰も知らないだろうし、調べた人もいないはず。そんな軽い気持ちで始めたネタ取材が、じつは日本の歴史に踏み込む、ある意味、深い話になるとは、この時は思ってもいませんでした。

小学校の算数の教科書を発行している出版社は、全部で6社あります。たとえば算数だったら、その各社が、1年生以外はそれぞれ上巻・下巻の2冊ずつを発行しています。つまり一学年だけでも、単純計算で12冊読まなければならない。3日間で調べられる範囲ということで、6年生の教科書に限定することにしました。

リサーチ方法は単純です。テーブルに小学校の算数の教科書を積み上げ、新たな登場人物が出てくるたびに「正」の字をノートに書いていくだけ。ひろし君1、ひろし君2、とおる君2、とおる君3というように……。いやいや、選挙の開票速報じゃないんだから。

周りの人たちが静かに閲覧する中「2ページ目のひろし君と、5ページ目のひろし君は同一人物でいいんだよな……」と、他の人とは違うところで頭を悩ませている姿は、さぞかし異様な光景だったと思います。

そんな感じでリサーチを進めると、面白いことがわかりました。僕は昭和生まれですが、そんな僕からすると、平成の教科書に出てくる名前は、じつに今風になってるんですね。

平成13年の教科書には「アキナ」という女の子が登場し、「ユウカ」「サヤカ」「ヒトミ」――。字面だけ並べると、源氏名に思えてくるから不思議です。

ともあれ、太郎君、花子さんは、とっくに過去の遺物となっているんです。「光宙《ぴかちゅう》くんが――」と、キラキラネームの子供が登場する日も近いかもしれません。

そんなことを考えながら進めたリサーチの結果、平成10年から平成20年までの11年間のナンバー1が判明しました！　それでは、発表させていただきます。

ドゥルルルル……ドン！　**第1位は……「アキラ」君です！**

出演数25回、2位の「タダシ」君に9票の差をつけて、断トツぶっちぎりの優勝でした。

さあ、これでネタ作りは終わったと……。

しかし、リサーチをしていくうちに、僕はあることに気づいてしまいました。全体の1位にはならなかったけれど、ある出版社の教科書では、「ケンジ」君がヘビーローテーションで何度も登場していました。出版社ごとに、選ぶ名前の傾向があるのでは、という気がしたのです。

教科書に載せる子供たちの名前を、出版社はどのようにして決めているのか。僕の興味はがぜんそちらに移りました。

これは直接聞くしかない。さっそく、その出版社に電話をかけました。

教科書に登場する子供の名前の決め方を教えてほしいという、非常にバカバカしい問い合わせです。それなのに、担当の方はきちんと対応してくれました。

「編集の者に確認しましたが、別段深い意味はありませんとのことです」

「もしかして、編集者の知り合いとか、恋人の名前だったりするんじゃないですか？」

しばし、沈黙の後。

「うーん……あ、あるかもしれませんねぇ……」

彼は何か知っている。もう一歩踏み込んでみるか。

「僕の調査では、そちらの教科書には、やたらとケンジ君が出てくるんですが……関係者のお名前とかでは？」

「うっ……じつは、**編集長のご子息の名前です**」

やっぱり！

「信じていただきたいのですが、特異な名前は選ばないように、会議の席上で厳正なるチェックをした上で決定しています。それだけは信じてください！」

知られてはいけない秘密を知られた担当者は、申し訳なさそうにそう付け加えました。

ここでやめておけば、当初予定していたくだらない小ネタで済んだのに——。

今回調べた教科書は平成10年から平成20年の11年間だけですが、教科書図書館には昭和25

年の教科書も残っています。太平洋戦争が終わったのが昭和20年ですから、その5年後になる当時の教科書はどんな内容だったのか、ちょっと覗いてみたくなりました。

僕はここで思わぬ発見をしてしまったのです。

普通、算数の文章問題は2行、長くても5行ぐらいで、簡潔な文章で作られています。たとえば、こんな感じでしょうか。

「アキラさんが1000円持って買い物に行き、90円のりんごを6個買いました。お釣りはいくらでしょうか？」

ところが昭和25年、昔の算数の文章問題は、これとは比較にならないほど長く、妙に情緒的な文章になっているのです。

縮図・縮尺の問題を例に比べてみましょう。まず、現在の教科書の問題文です。

「タダシ君たちは箱根の地図を調べてみました」

タダシ君たちは、迷わず結論に向かって行動を開始します。そして次の行には、もう縮図や縮尺の解説文が記されています。

ところが昭和25年の教科書は違います。同じ縮図の問題文を例に挙げましょう。

「正君たちの住んでいる所は、大都会から遠くはなれた山おくの小さな町です。この町には親切でおだやかな人たちばかり住んでいます。町の中央からすこし歩くと、すみきった空の下にひろびろとした畑が開けていますし清らかな流れもあります。町はずれには停車場もあるので、都会からはなれていてもそれほど不便も感じません。正君たちはこのようなきょう土で生活ができる自分たちを幸福だと思いました。そこでこの楽しい町のことをもっとよく知るために、正君たちはいろいろなことをこの町について調べることにしました」

長すぎやろ！

そして、この後、やっと縮図の問題に入るのです。でも、僕はふと思いました。平成のダシ君には、行動に理由がない。まるでロボットのようです。

ところが戦後を生きた正君には、この町が好き、住んでる人たちが好き、なぜ好きなのかという理由と行動原理がある。そこには郷土愛までもが、見え隠れしています。

他の問題も同様でした。たとえば時間の引き算。現在の教科書は、以下のような問題文です。

「片道30分かかる場所へ、正午ちょうどに到着するには何時に出発すればいいでしょうか？」

これが66年前の教科書ではなんと、**クラスで行われる学芸会の劇の配役を決めるところから話が始まる**のです。とても、時間の引き算の問題とは思えません。

あまりにも長いので、かいつまんで流れを説明すると――。

楽しみな学芸会だが、クラスメート全員が表舞台で活躍することはできません。主人公である一郎君が表舞台で活躍するためには、裏方に回る仲間も必要です。

ジャンケンで負けた少年は、主役の座を一郎君に譲り、大道具を作ったり、役者に照明を当てるという裏方を買って出ます。ある少女は舞台衣装を縫うことでクラスの輪に入ろうとします。クラス全員、分け隔てなく力を合わせて毎日の練習を重ね、遂に一郎君たちは学芸会当日を迎えます。

「いよいよ10時52分、幕が開くとともにライトのスイッチが入りました。『まぁ、きれい……』」

算数の問題なのに、台詞《せりふ》も入ってるんです。

「前の方にいた子供たちの歓声もたちまち拍手の音にかき消されてしまいました。劇は11時17分に終わりましたが、拍手の音はなかなか鳴りやみません。一郎君たちは嬉しくてたまりません。物事を行う時には、陰に隠れた力があって初めてできるんだなぁとしみじみ感じました……。**劇は何分だったでしょう？**」

もう、ええわ！　算数の問題なんて、もうどうでもいい！

劇が何分上演されていようと、どうでもいいと思いませんか？　一郎君は、算数ができなくても、この学芸会で学んだことで、間違いなく立派な大人になれます。

僕なんて、舞台に立つ前はいつもテンパって、スタッフの人たちに厳しくあたってしまうのに。小学生の一郎君以下の人間や……。いつも世話になっている制作部の人、ライブを手伝ってくれる後輩たち……穴があったら入りたい。

さて、問題文はダイジェストで話しましたが、実際の教科書には配役や舞台作りなどが事細かに書き込まれていて、一問目を出題するまでに4ページも費やしています。

こんなゆとり教育が、戦後間もない時代にあったんやなあ。この時はそう思いました。

さらに、教科書には当時の時代背景も映し出されているようで――。

昭和25年は衛生状態も今とは比べものにならないほど悪く、伝染病が流行し、小児腸チフス、赤痢や結核などで亡くなる子供たちも多かったようです。

問題の冒頭で、まず、先生がこう切り出します。

「怖い伝染病が流行《はや》っています。身を守るためには、どの程度怖いか知らなければなりません。どうしたらいいと思いますか」

よしこさんが「はい」と、手を挙げました。

「伝染病にかかると生存率は何%か、何人生き残って何人死んだか、病気ごとに調べると良いと思います！」

これが純真無垢な小学生の答えでしょうか。しかし先生は不謹慎だとたしなめることもなく、

「名案です」

と言い切ります……。そして、そこから割合と比率の問題が始まるのです。

「10人に2人の割合で死ぬのと、7人に1人死ぬのとでは、どちらが死亡率が高いでしょうか？」

今なら絶対、ＰＴＡに怒られそうな設問内容です。また、ある問いでは——。

「ある病気の死亡率が8分の1の時、その病気にかかって死ぬ人は何人に1人でしょうか？」

「100人のうち10人死ぬ病気と、80人のうち1人死ぬ病気と……」

……もう、ええわ。とにかく、「死ぬ」というフレーズのオンパレードなんです。

これらは、東京書籍という出版社が、昭和25年に出版した教科書です。なぜ、こんな長く情緒的な問題文になっているのか？　どうしても知りたくなって東京書籍を訪ねました。

担当の方がおっしゃるには、昭和25年当時は、学習指導要領が生活単元学習といって、いろんな要素をそれぞれの教科に織り込み、道徳心を学ばせようという方針だったそうなのです。

なるほど——。でも、なぜ当時はわざわざそんな複雑な教え方をしたんでしょうか。

すると、若い担当者も疑問を持ってくださり、

「どうしてですかね？　調べてまいります」

と、別室へ消えていきました。

そして、しばらく待っていると、担当者が顔を紅潮させて戻ってきました。

ここで驚くような事実が判明します。

昭和25年、終戦直後の日本は、ＧＨＱの統治下にありました。

戦前の学校教育のカリキュラムには「修身」という、現在でいう道徳の授業が設けられていました。ＧＨＱはこの「修身」こそが軍部の暴走を招き、パールハーバーを引き起こし、神風特攻隊をも生んだ危険な教えであると判断し、昭和20年に「修身」の授業を廃止したのです。

しかし、外国の占領軍によって禁止されたからといって、日本人として大切な道徳を子供たちに教えないわけにはいかない。そこで政府は苦肉の策として、国語はもちろん、算数や理科、社会などの教科書に、道徳の教えを紛れ込ませて教育するしかないと考えたのです。

だとすれば——「修身」の授業があった、戦前の算数の教科書はどうだったのか？

「コラアゲンさん、調べてきますッ！」

と、再び別室に駆け込み、調べてくださった担当者。

なんと、戦前の算数の文章問題は、今と変わりない味気ない文章だったのです。ただ、登場人物に兵隊さんが出てくるのは、時代背景の特徴といえましょう。

つまり、昭和33年に道徳の授業が復活するまでの13年間のみ、一郎君たちは劇の裏方の仲間に感謝をしているのです。

東京書籍の担当者も、教科書にこんな裏事情があるとは知らなかったらしく、

「勉強になりました」

と、感謝されました。

ここでやめておけば、感動的なネタで終われたはずなのに——。

芸人の性なのか、相手の懐に飛び込んだのをいいことに、またくだらないことを思いついてしまったのです。

僕の本名は森田嘉宏《よしひろ》といいます。

話は戻りますが、教科書に登場する子供の名前は「アキナ」「ユウカ」「ヒトミ」——なぜか3文字が多いなと思っていました。

「4文字の名前は一度も出てこないのはどうしてですか？『よしひろ』って名前はダメなんですか？」

聞いてみると、どうやら教科書に記載する文字はできるだけ少なくしたいらしく、4文字は敬遠されるようです。

「1文字ぐらいどうってことないでしょ。一問でもいいですから、よしひろ君も出してくださいよ！」

とは言ったものの、教科書の改訂は4年に一度しかありません。ほんの冗談で言ったつもりでしたが……。

なんと、新しい東京書籍の算数の教科書に平成23年度から「よしひろ」君が登場しているのです！

よしひろ君、初めは友達に折り紙を配る少年として登場する予定だったのですが、平成23年配布の東京書籍・小学4年生の算数の下巻、分数の足し算・引き算の項目で活躍しております。

「工作用紙を、ゆきさんは5分の4㎡、よしひろさんは5分の3㎡使いました。使った工作用紙の面積は、あわせて何㎡ですか。」

教科書に名を残す偉人・賢人は数あれど、お笑い芸人で名を刻んだのは僕だけではないでしょうか！

可哀想なのはパートナーの女の子……。僕の名前で4文字使ってしまっているので、1文字削られて「ゆき」ちゃんになっています。

僕がよしひろでなければ、きっと「ゆきこ」さんだったに違いない。

何を思ったか東京書籍の方々、小学5年生の算数の上巻にも、よしひろ君をゲスト出演させております。

「右の表は、よしひろさんが月ごとに釣った魚の長さと平均をまとめたものです」

よしひろ君、こちらでは、平均算の項目を担当しております。

「ありがとうございます〜」

礼を述べる僕に、東京書籍の担当者は満面の笑みで言いました。

「サービスしておきました」

全国ツアーの途中で、実際にこの教科書で勉強した少年が、偶然にも母親と一緒に僕のライ

東京書籍の算数の教科書に、なんとよしひろ君登場！
平成23〜26年度用『新しい算数 4 下巻』（東京書籍刊）より

ブを聞きに来てくれていました。

「僕の教科書に出てくるよしひろさんはコラアゲンさんだったんですね！」

「そうや！　僕のことなんや！」

奇跡はまだまだ続きます。

東京書籍は、中学校の教科書改訂の際にもサービスしてくれました。

中学2年生の数学の教科書にも僕が登場しているのです。

「よしひろさんは、1個300円のケーキと1個350円のケーキを合わせて10個買い、3000円はらいました。300円のケーキと350円のケーキをそれぞれ何個買ったでしょうか。」

なんと、連立方程式に挑戦！　算数から数学へレベルアップです。

よしひろ君、モデルとなった僕にはまったく理解できない難問に、果敢に立ち向かっております。

まさかこんなにたくさん僕の名前を使ってもらえるとは――。腰が折れそうなほど何度もお辞儀をして立ち去ろうとすると、担当者はドヤ顔で呼び止めました。

「ちょ、ちょっと待ってください。もう一つサービスしておきました！」

なんと、中学3年生の教科書にも――。

「よしひろさんは友達と自転車で遊びに行った時に、前を走っていた友達が急に止まったので、危ないと思いブレーキをかけましたが、前の友達にぶつかってしまいました。自転車で集団走行する時には、安全を保つためには自転車の間隔を何メートルぐらい開ければ良いでしょうか？」

$y=ax^2$ の方程式を使う、2次関数とかいう謎の問題だそうです。

よしひろ君、問題中で自転車を友人にぶつけるという人身事故を起こしておりますが……。

小学4年、小学5年、中学2年、中学3年。**よしひろ君、4学年制覇！**

ここだけの話ですが——。

「コラアゲンさん、安心してください。これから幾たび教科書改訂があろうとも、数学担当者である僕が編集から離れない限り、よしひろ君は登場し続けるでしょう！」

若き担当者はニヤリと微笑《ほほえ》みました。東京書籍、バンザイ！

鳥取県・米子市

学生禁止の学生ラーメンの話

2013年12月に「和食」がユネスコの無形文化遺産に登録されましたが、海外では日本食が相変わらずの人気だそうです。

なかでも、注目されているのがラーメンです。寿司やてんぷらよりも好きだと言う外国人も少なくないようで、ニュース番組で海外のラーメン店の前に行列ができる様子を見ても、すっかり驚かなくなりました。

僕もラーメンには目がなくて、全国ツアーで地方を訪れるたびにご当地ラーメンを味わっているのですが、その中で一軒、毎回食べるのを――いや、訪ねるのを楽しみにしている店があります。年に1回、2回ですが、足かけ5年にわたって取材を続けている不思議なラーメン屋さんなのです。

全国ツアー中は、会場に集まってくださる人たちに喜んでもらえるように、事前に地域密着の「あるあるネタ」を探すことにしています。

鳥取県米子市でのライブを控えたある日のこと。こんな噂が耳に入ってきました。

「米子に、看板に偽りありの不条理きわまりないラーメン屋さんがある」

「不条理」という言葉が少し気になりますが、さすがにラーメン屋さんではネタになるまい。

いつもライブの主催者から出される無理難題なネタを調べるだけでいっぱいいっぱいなので、そんな噂も忘れかけていた頃――今回の主催者から出された指令は、なんと「お任せ」。

じつはこれが一番難しい。ネタ探しの段階から、僕に全ての責任がかかってくるのですから。

ライブの時間が迫る中、琴線に触れるネタがなかなか見つかりません。僕はギリギリの精神状態で切羽詰まっていました。

追い詰められても腹は減る。そういえば、米子に変わったラーメン屋さんがあるって聞いたような……そこでラーメンでも食べながら考え

「学生割引店」と大々的に掲げた、通称学生ラーメン。

るか。完全に現実逃避です。

ただ空腹を満たすために訪ねた、米子市長砂町にある、一軒のラーメン屋さん。

正式な屋号は「長砂ラーメン」というのですが、地元の人たちは皆「学生ラーメン」と呼んでいます。米子南高校など複数の学校がある学生街に店を構え、店の看板にも「学生割引店」と目立つように書いてあるのが理由でしょう。

学生のお小遣いを考慮してか、ラーメンの値段も東京に比べると安めに設定されています。手打ちの麺を使用しているみたいだし、さぞや学生たちが足繁く通うお店なんだろうな――そんなことを思いながら、沖縄の塩を使用しているという、こだわりの塩ラーメンを注文しました。

目の前に運ばれてきたのは――何の変哲もない、塩ラーメンでした。もちろん、普通に美味しかったですけども……。

食べ終わって箸を置くやいなや、白いかっぽう着を着たおばちゃんが、厨房を出てこちらに向かってきます。

「めっちゃ、美味しいですね！」と、お世辞を山盛りにして感想を伝えようとすると、おばちゃんは僕の言葉を制するように言いました。

「お兄ちゃん、閉店だから」

そして、汁が残ったラーメン鉢を手に、厨房へと姿を消していきました。

あれ、そんな時間だったか……。時計を見ると、午後3時を少し回ったばかり。そうか、一回休憩を入れて、また夕方から開店するタイプのお店なのか。

おばちゃんはすでに、そそくさとお店の片づけに入っています。

会計を済ませて店を出た僕は、あらためて営業時間を確認して驚きました。どうも店そのものが午後3時で閉店のようなのです。

いやいや、ここ「学生ラーメン」やろ？

午後3時といえば、学生は学び舎《や》で絶賛勉強中。空きっ腹を抱えた学生たちが訪れるコアタイムは、早くて午後5時以降のはず。このあたりの学生たちは、いつ何時にこの学生ラーメンを食べることができるのか。

表の看板にはデカデカと、「学生割引店」を冠しておきながら、学生が来店できない時間に店を閉めるとはどういうことだ？

「看板に偽りあり」という噂は、このことか！

結局、ご当地ネタとして披露した、午後3時に閉店する、学生を無視した学生ラーメンの話は、不十分な取材のせいもあって、たいして盛り上がることもなく、見事にスベりました……。

ただ、この不条理なラーメン屋の存在は確認できた。時間をかけて成長していくのが、僕の実話漫談の特徴です。新しいネタの種は見つかりました。

話は1年後に飛びます。

また全国ツアーで米子を訪れることが決まった僕のもとに、新たな情報が入ってきました。午後3時に閉店していた「学生ラーメン」が、最近は夜になっても営業しているというのです。

一年前のリベンジです。米子に到着するや、その足で学生ラーメンに向かいました。

店の前に着くと、営業時間を書いた真新しい看板が立っているのに気づきました。

(昼) 11時〜15時
(夜) 18時〜21時

午後3時にいったん店は休憩に入るが、6時から夜の営業が追加されている!

僕は夜の6時を待って、再び店を訪れました。

厨房には自民党の谷垣幹事長(当時)を思わせる、眼鏡の大将が立っていました。

後でわかったのですが、以前、ラーメンを作っていたのは近所に住んでいるおばちゃんたちだったのです。商売よりも家庭が優先されるので、家事が忙しくなる夕方には、店を閉めて自宅に帰ってしまっていたらしい。

店の中を覗いてみると、明らかに雰囲気が1年前とは違います。「洞斎焼」という名が掲げられた棚に、壺や徳利、湯呑みなどの陶芸品が無造作に置かれています。

なんでも新店主の親父さんは「洞斎焼」という陶芸の窯元でもあり、ラーメン鉢からコップまで、全て自ら焼いた手作りの陶器を使っているそうです。つまり、麺をこねるだけでは飽き足らず、陶土もこねているのです。

変わったのはそれだけではありません。ラーメンの味も、1年前に食べた時よりも僕好みになっていて、格段に美味しく感じます。メニューを見ると、手打ちの麺にはネギを練り込んであると書いてある。ラーメンのクオリティも、確実にレベルアップしているのです。

それなのに、価格は据え置かれたまま。塩ラーメン、醤油ラーメンが590円。みそラーメン、チャンポン、チャーシュー麺が690円。釜あげラーメンは490円。

店内に置かれた炊飯ジャーの中にはライス、チャーハンが用意されており、セルフサービスでおかわり自由。チャーハンは個人的にはちょっと残念な味でしたが、それでも、食べ盛りの学生にはありがたいはずです。

それなのに、相変わらず、店内に学生の姿は見当たりません――。

これはいったい、どういうことなんや。親父さんに探りを入れなければなるまい。

会話の糸口は1年間熟成させたあの台詞しかない。

「親父さん、めっちゃ、美味しいですね！」

ニヤリとする親父さん。これは、しめた。

「親父さん、僕ね、去年来た時は、午後3時に容赦なく追い出されたんですよ〜。営業時間を延長した理由って、何なんですか？」

「ん？ 何言ってんだ、学生ラーメンを謳《うた》うラーメン屋が、学生相手に商売しないでどうする」

その至極当たり前な返答に、僕はただ頷くしかありませんでした。

「にしては、学生の姿が見えませんね……」

言葉を濁す親父さん。さらに突っ込んで質問すると、彼は重い口を開きました。

夜の営業を始め、値段は財布に優しく、味自体も上がっている。この一年の間に劇的な変化を見せた学生ラーメンには、学校帰りや、部活終わり、大勢の学生が訪れるようになったそうです。

しかし、ここで親父さんにとって思いがけない現象が起きます。

「食べ終わったのに、ずっと居座り続けて、帰ろうとせんのだ！」

学生時代を思い出せば、誰もが心当たりがあるでしょう。学校近くの駄菓子屋さん、ファストフード店や喫茶店……。くだらない話をダベるのに、居心地のいいお店があったはずです。

　つまり、学生ラーメンは学生のたまり場になってしまったのです。

　しかし、親父さんいわく、高校生が帰宅途中に寄り道して、あたりが暗くなっても帰らないのは感心できない。長居されるのも営業の邪魔だ。短気な親父さん、悪気はないが、ついこう言ってしまったそうです。

「食うたな！　食ったら、さっさと帰れ！」

　怒鳴りつけても学生たちはまたやってくる。また怒鳴る。そんなことが続くうちに小言を言うのが面倒くさくなった親父さんは、**学生の出入りを禁止**にしてしまったのです。

　学生入店禁止の「学生ラーメン」。ここに本末転倒な店が誕生しました。

「表の看板に堂々と学生割引店と書いてあるのに、なんで追い返すんですか？」

　僕がそう言うと、親父さんにも言い分はあるようで——。

「いや、あれは俺が店を引き継ぐ前から書いてあったんで、俺の信条じゃないんだよ。俺だって早くあんな文字は消したいよ！　でも看板を直すのに……**11万もかかるんだぞ**」

　というわけで、断腸の思いでそのままにしてあるのだそうです。

　しかしこの親父さん、僕が貧乏芸人だと知るや、ラーメン代を払おうとしても、絶対に受け取ってくれません。それ以降、訪れるたびに毎回、出世払いで愛情たっぷりのラーメンをご馳走してくれるのです。親父さんの人柄に惹《ひ》かれ、米子でのライブの際には必ず「学生出入り禁止の学生ラーメン」に通うようになりました。

東京にいて直接会えない時も、電話をかけると、腹は減っていないか？　ご馳走してやるからラーメンを食べに来いと心配してくれる……。そんな人情に厚い親父さんですが、学生を入店禁止にした後も悩みは尽きないようで、ある時、電話でこうこぼしていました。

「何が頭にくるって……黙って俺のラーメンを食うだけなら、百歩譲って良しとしよう。だが奴ら、食べ終わるとニヤニヤしながら、看板のことを持ち出しては、学生だから割り引いてくれだの、安くしてくれないの？　だのからかいやがる。それが我慢ならん！」

今すぐにでも看板を書き替えたいところだが、やっぱり11万の出費は痛い。

「しかし、たしかにあいつらの言うことに分があるんだよな。早くなんとかしないと……」

そんな時、久しぶりに米子での営業が入ったので「学生ラーメン」を訪ねてみると、親父さんがとんでもない行動に出ていたのです。

看板は以前のまま。「学生割引店」の文字もしっかり残されたままなのですが、よーく目をこらして見ると——。明らかにマジックで手書きされた「小」の文字。つまり、学生ラーメンは**「小学生割引店」**になっていたのです！

「何ですか、あれ！」

店に飛び込むなり大声で叫ぶ僕を見て、親父さんはしたり顔を見せました。

「お前、気づいたのか！　よく気づいたな！」

なんて大人げない……。

看板に小細工をして以降、「割り引け」と言ってくる学生を表に連れ出しては、看板を指差し、

「小学生なら良かったのにな！」

と、捨て台詞を吐くのだそうです。そして、学生が唖然《あぜん》とする顔を眺めては楽しんでいるのだそうな。もう、呆《あき》れました……。

「でも、親父さん、本当に小学生が来たらどうするんですか？」

「そ、その時は、割り引くしかないだろうな……」

ホントに憎めない、お茶目な親父さんなのです。

そして後日。仲良くなった親父さんに頼み込んで、僕を「学生ラーメン」のイメージキャラクターにしてもらいました。地元のタウン誌にも、僕の顔写真入りで、「長砂ラーメン（小学生ラーメン）」の紹介が載っています。

「コラアゲンの写真使ってもいいよな？」

芸人ではありますが、ワハハ本舗から「お前には肖像権はない」と言われている僕です。少しでも顔を売るチャンスと快諾しましたが、写真の使用許可の問い合わせがあったのは、タウン誌が印刷された後のことでした。

それに、掲載された僕の台詞にも少し引っかかりました。

「コラアゲンはいごうまんです、日本中のラーメンを食べ歩いてきましたが、ここのラーメンが日本一美味しいです」

たしかに親父さんの作るラーメンは美味しい。味に間違いはないのですが、日本一美味しいとは思っていないし、言った覚えもないんですが……。

ただ、無名の僕を使ったところで、たいして店の宣伝にはならないのに、わざわざイメージキャラクターにしてくれた。僕を応援したいという親父さんの気持ち……それが嬉しいのです。

「いいものを作るってことでは、ラーメンも陶芸も、コラアゲンの芸だって一緒なはずだ。手を抜かず、真心込めて続けていれば、間違いのないものが必ずできる。厳しい時代だけど、お互い頑張っていこうな」

そう盛り上がっていたにもかかわらず、つい先日「小学生ラーメン」を訪ねてみると——

なんと、閉店していました。

これって何かの祟《たた》り？　不幸を呼び寄せる才能だけは誰にも負けない僕が、イメージキャラクターなんかに就任したばかりに……。

慌てて自宅を訪ねてみると、親父さんは切ない顔で打ち明けてくれました。

「お前のせいじゃない。ラーメン屋の職業病だ。右手が腱鞘炎《けんしょうえん》で痛いんだ。麺の湯切りが俺にはもうできないんだよ。テボを振れないラーメン屋は廃業するしかない」

「親父さんには陶芸が、洞斎焼があるじゃないですか！」

悲しく微笑む親父さん。ラーメン屋をすっぱり諦めて陶芸一本に打ち込むのかと思いきや、昔やっていた、株の投資家に戻ったそうです。

バブルが弾《はじ》けて痛い目を見たらしいのですが

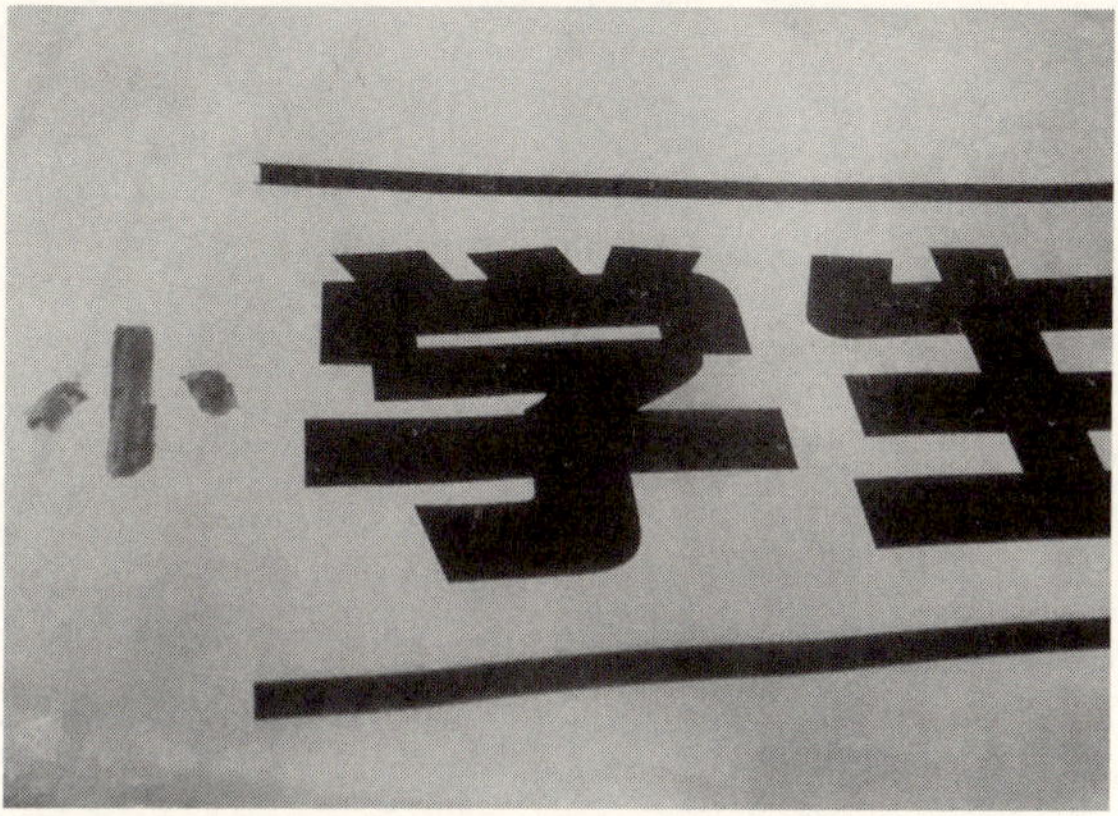

「学生」の前に小さく手書きで「小」の文字が……。

……。

「親父さん……株もやってたんですか」

小さな街の片隅でまた一つ、「迷店」がひっそり暖簾を下ろしました。

ショート・ミッション②　愛媛県・四国中央市

「オールウェイズ　三丁目の夕日」のようなレトロ食堂

愛媛県と香川県の県境、その名の通り四国の北側の真ん中にある四国中央市の商店街にある、「キング食堂」が今回の舞台です。

高度経済成長が始まった頃にタイムスリップしたかのような、戦後映画のセットを思わせるその外観。最近、レトロ感をコンセプトに、わざと年代物っぽく作り込んだ店を見かけることはありますが、この店は正真正銘ガチで古いんです。

店内も、丁寧に使い込んだ様子でいい感じに時代に遅れています。

中に入ると、70過ぎのお母さんが奥から姿を見せました。ご高齢と、長年続けた立ち仕事のせいか、少し足を引きずっておられます。

「いらっしゃいませ、何にしましょう？」

「じゃあ、チャーハン、一つ」

「——ちらし寿司にしてもらえんかな」

「えっ？」

「売れ残ってるちらし寿司が、捌《さば》けると助かるんやけど……」

お母さん、屈託のない笑顔で、ちらし寿司をゴリ押ししてくるんです。

常連さんなら、そういう時もあるかもしれませんが、僕はあくまで初対面。ずうずうしいというかなんというか……それでも、人懐っこくて憎めないお母さんのキャラクターに押されて、勧められるまま、ちらし寿司を注文してしまいました。

しかし、出てきた素朴なちらし寿司が、絶品だったんです。ゴリ押しするだけのことはある……。

食べ終わった後、このレトロ極まる食堂の歴史について、お母さんに尋ねてみました。

昭和28年創業のキング食堂、すでに還暦を超えています。

テーブルや椅子も多少の補修は施してはいますが、開店当時のまま。古い日本製家具の頑丈さ、モダンなデザイン、職人の腕の確かさにも驚かされます。

「それは、すごいですね！」

不用意に口走ってしまったが後の祭り。元来、お喋り好きなお母さんだったようで、お店の歴史から、お母さんの半生まで、語りだしたらもう止まりません。

話は、旦那さんとのなれ初めから始まりました。旦那さんは当時、地元産業の雄《ゆう》・大王製紙に勤めるサラリーマンだったそうです。屈強な体格の旦那さんを、華奢《きゃしゃ》なお母さんが押して押して、押し切って結婚。そしてすぐ、姑《しゅうとめ》の経営する「キング食堂」に嫁としてお手伝いに入ったそうです。

しかし、37歳の時、最愛の旦那さんがお母さんを残して亡くなってしまいます。

さらにその数年後、姑も高齢のため、キング食堂の経営から引退。それ以降、お母さん一人で「キング食堂」を切り盛りし、女手一つで二人の子供を育ててきたそうです。

さあ、ここから涙を誘う苦労話になるのかと思ったら――。

「私、若い頃は痩せてたし、可愛かったのよ。なのに、37歳で未亡人。独り身になるのを待ちかまえていたように、それはそれは、次から次と誘惑されたわ」

涙を準備していた僕の目は、瞬《まばた》きも忘れて、

四国中央市にある昭和 28 年創業の「キング食堂」。

お母さんを凝視していました。

「デートの誘いやら、再婚の申し込みもされた。けれど私は、あらゆる誘惑をダメ、ダメ、ダメッとはねのけて、旦那一筋を貫いてきたのよ」

嬉しそうに旦那さんへの純愛を語るお母さん。なんだか愛おしくなってきました。

「でも、一度だけその決心がグラついたことがあったの……」

当時、熱心に口説いてくる常連客がいたそうです。やがて、その男性に末期癌が発覚。彼は病床で、涙ながらにお母さんの手を握り、こう言ったそうです。

「あんたに会えて良かったわ……」

そう言われた時、さすがのお母さんも心が揺らいだそうで——。

「この人に会えるのはこれが最後かもしれん。女として、一度ぐらいは抱きしめてブチューって、チューしたろうと思ったんやけど……けどな……」

「お父さんの顔が頭に浮かんで思い止《とど》まったんですね」

「**いや、看護師が入ってきたんや**」

看護師さん、ナイスタイミング！　お母さんの操はギリギリのところで守られました。

こんなふうに、初めて会った僕に、あけっぴろげに身の上話をしてくれるお母さんに、人生のコツと、商売を長続きさせる心得を聞いてみました。

「仕事だと思ったら続かないよね。私は来てくれるお客さんを、家族だと思うようにしてるのよ。子供が帰ってきたからご飯を作る。甥っ子が訪ねてきたから、旨《うま》いものを食べさせたい。そんなふうに思わんかったら、60年は続けてこられへんかったと思う」

なるほど……。チャーハンを頼んだ客に、ちらし寿司にしろとしれっと言い放てるのは、そういう理由だったのか……。お客を家族だと思って接する。それが、お母さんの商売の秘訣だったんです。

「これでもう、僕もお母さんの家族ですよね？　四国に寄った際は必ずご飯食べに来るんで、コラアゲンはいごうまんという、僕の名前を覚えておいてくださいね」

「コ、コ、コラァ……？　そんなカタカナの名前、年寄りに覚えられるはずないでしょ！　ヒアルロン酸はいごうまんなら覚えられるけど」

「なんでやねん！」

同じカタカナで、似たような名前なのに、その差は何？　そう思いましたが、理由を聞いて、納得せざるを得ませんでした。

「膝が痛くって、毎月病院でヒアルロン酸を注射してもらってるからよ」

愛媛県・松山市

伝説の立ちんぼミドリちゃんと、掃除の佐々木さんの話

飲む・打つ・買う。言わずと知れた、酒を飲み、博打を打って、女性を……これは、芸人には切っても切れない、金科玉条の免罪符です。

芸人たるもの、これらを嗜《たしな》まずしてなんとするか。今回はそんな心意気（?）で、愛媛県松山市を奔走したお話です。

松山一の繁華街、八坂通りに伝説の「立ちんぼ」がいる――。

「立ちんぼ」とは、街角に立って道行く男性相手に、体を張った商売をする女性のことですが、かなり侮蔑的な言い方かもしれません。ですがあえて、ここではそのままの言葉を使わせていただきます。

その八坂通りに、ミドリちゃんという立ちんぼがいるそうなのです。

松山では知らない人がいない有名人だそうで、松山市長の名前は知らなくても、彼女の名前はみんな知っているといいます。

ミドリちゃんの特徴は、まずその表情にあります。

水槽の中で酸素不足で苦しんでいる金魚のように、しゃくれた顎を前に突き出して、常に忙《せわ》しなく口をパクパクさせている――。50はとっくに過ぎている方らしい。

ミドリちゃんに会いたければ、客引きのテリトリーに行けばいい。

彼女の縄張りは、商店街のど真ん中にある、コンビニエンスストアの端から端までで、コンビニの軒先をずっと口をパクパクさせながら、水泳のターンのように行ったり来たりウロウロしては客を物色しているのだそうです。

「お兄さん、遊んでいかへん？」

ただ、そのあまりにも濃いキャラクターゆえか、ミドリちゃんに声をかけられてついていく人は、誰も見たことがないそうです。

誰もが彼女のことを知っているが、彼女の素顔は、誰も知らない――。

そして松山にはもう一人、気になる人がいる。

ミドリちゃんが立つ場所の目と鼻の先に、八坂公園という公園があります。その公園には、毎朝4時から、誰からも頼まれていないのに一日も欠かさず掃除をしている、謎のオジさんがいるそうなのです。

伝説の立ちんぼと、お掃除のオジさん。

間近に迫った松山のライブのネタは、謎に包まれたこの二人の体験取材に決めました。

松山に到着したのが、ライブ2日前、日曜日の夜。

どうやら、ミドリちゃんは、日曜日は原則的に〝出勤〟していないらしいのですが、時間は限られています。夜10時を回った頃、ダメ元で八坂通りのコンビニに行ってみました。店の前をうろうろ歩き、コンビニの店内も覗いてみましたが、それらしい人物は見つかりません。

やっぱり定休日か、諦めて帰ろう。そう思って振り向くと、僕の鼻先、数十センチのところに、黒ずくめの服装をしたオバさんが立っていました。顔を見ると、口をパクパク動かしています。

ミドリちゃんが、休日出勤している！

粉を吹いたような厚化粧ですが、見るからに50歳は超えています。

声をかけようかどうか、逡巡《しゅんじゅん》している僕には目もくれず、ミドリちゃんは、店の前をウロウロし始めました。

まずは距離を取って、少し観察してみよう。そう決めた僕は、道路の向かい側に移動しました。

しばらく眺めていると、ミドリちゃんはコンビニの前だけを、一歩もはみ出さず行ったり来たりしています。ここまでは、事前に聞いていた通り。

しかし、ただ見ているだけでは、まったく話が進展しません。先ほど、彼女にスルーされたばかりなので、僕の方から声をかけるしかありません。

ここは松山一の繁華街です。恥ずかしくないといったら、嘘になります。

ただ周りを見ると、人通りも多く、酔っぱらい、学生、サラリーマンがみんなワイワイ騒ぎ、楽しそうに会話しながら通り過ぎている。これならば、誰も気づかないかもしれない――。勇気を出してミドリちゃんに声をかけてみました。

「すみません。よろしかったら、僕のお相手をしていただけませんでしょうか？」

そう言った途端、繁華街の雑踏・喧騒が、一瞬にして静寂の空間と化しました。そして、これまで浴びたことのないような視線を感じます。

松山の誰もが知る、伝説の立ちんぼミドリちゃん。これまで、彼女に声をかけられる男はあまたいても、おそらく声をかける男はいなかったのでしょう……。

「あの男、ミドリに自分からアタックしたぞ！」

そんな心の声が聞こえてくるようです。

全身冷や汗が出るほどの羞恥に耐えながら立っている僕を、ミドリちゃんは口をパクパクさせながら、頭の先から爪先まで何度も舐《な》めるように見て言いました。

「イヤ」

一言言い残して、再び口をパクパク、営業活動に戻りました。

「えっ！　ワシ今、ミドリちゃんにフラれたん……」

横目で周囲を見ると、通行人も足を止め、ビックリした表情で僕の方を見ています。

衆人環視の中、コケたら痛みを堪えて微笑むしかありません。照れを隠して開き直るのだ。

「フラれちゃいましたぁ～」

そう言った、いや……言うしかなかった。

すると近くで見ていた、どこぞの若い衆らしきお兄さんがドスの利いた声で答えてくれました。

「俺も長い間この街を仕切ってきたけど……ミドリにフラれた奴を見たのは初めてや」

弱きを助け、強きを挫《くじ》く任侠の血が騒いだのか、そのお兄さん、ミドリちゃんとの間に入ってくれました。

「おい！　ミドリッ、この兄ちゃん可哀想やろ、相手してやれや！」

するとミドリちゃん。離れた場所から振り向きざま、

「その人、イヤ～ッ！」

仕事を放棄して走り去っていきました。

ミドリちゃんの背中を見送ったお兄さん、申し訳なさそうにぽつりと言いました。

「俺にも無理や……」

でも、これだけはわかりました。どうやら僕は、ミドリちゃんのタイプではない。

「お兄さん、僕のどこがいけなかったんでしょうか？」

「う〜ん……。ゼニがないと思われたんと違うか。秋の珍事や」

笑いを必死に堪えながら、お兄さんは夜の街に消えていきました。

落ち込んでもいられません。時間はすでに午前1時を回っています。

明日の朝は、お掃除オジさんの待つ八坂公園に行かねばなりません。いったんホテルに戻り、短い仮眠を取ることにしました。

そして翌日、10月のまだ暗い早朝4時、八坂公園に向かいました。

繁華街の中にありながら、土地を贅沢に使ったわりと広い公園です。

薄暗い中、たしかにそれらしき人影がいる。暗い中、立派なモミアゲの小柄なオジさんが、せっせと箒《ほうき》をかけているではないですか。

今度は、羞恥心はいりません。気兼ねなく、声をかけさせてもらいました。

この方、お名前を佐々木さんといい、お年は64歳。

もともと、この八坂公園は、近隣の二つの町内がボランティアで掃除を受け持っていたそうです。

ところが、松山一の繁華街のど真ん中にあるこの公園。町内の方だけが利用するわけではありません。繁華街を目指して、各地から集まってくる人々が、ゴミをどんどん捨てていくのです。当初は高い意識で集まったボランティアの人たちが、しだいにバカバカしいと思い始めても、仕方がありません。

一人抜け、二人抜け……最終的には佐々木さん以外、誰も掃除に来なくなってしまったのです。

「だからといって、誰もやらないわけにいかんから、ワシがやっているんや」

しかし、これが結構大変な作業なんです。広い公園を、たった一人で全部掃除するんですから。

「4年もやっているから、慣れてしもた」

「僕、手伝いましょ……」

「頼めるかぁ」

返事が早い……。その大変さが窺《うかが》えます。

さっそく手伝い始めたのはいいものの、さすが掃除ボランティア歴4年の佐々木さん。

僕が、熊手のような松葉箒でタイルの上をガリガリキコキコ枯れ葉を掻《か》き集めていると、いきなりのダメ出しが入りました。

「ダメダメッ！　まだ朝4時やで。ご近所さん寝てるんや、そんなところを松葉箒でキコキコして……。そこは、竹箒で優しく掃くんやッ！」

ご近所さんを叩き起こしそうな大声で注意されました。

「シーッ」

佐々木さん、あんたの方がよっぽどうるさいわ……。

自分の部屋もろくに掃除できないゴミ屋敷の住人の僕が、公園内、そして公園の周りを、極意を授かりながら、ひたすら掃除しました。気がつくと、朝の6時。東の空はうっすら白み始めていました。

「そろそろ、上がっていいよ」

いつの間にか、部下にされています……。

「ありがとうございました！」

掃除を手伝った僕がなぜお礼を言っているのか……。

「佐々木さんは上がらないんですか？」

「ワシ、もう1カ所掃除するところがあるんや」

佐々木さん、痛風を患っているそうで、日頃通院しているコウノ病院の玄関先も、毎朝掃除しているのだそうです。

「ここからは、ワシ個人の繋がりでやってることや。今日は兄ちゃん助かったわ……もう上がって」

本当に、義理がたいオジさんなんです。なんだか、このまま見送るのも忍びない。

「なんやったら、僕そっちも手伝い……」

「頼めるかぁ」

絶対、僕がそう言うのを待ってたやん……。

すると、公園の横にタクシーを止めて休息を取っていた初老の運転手さんが、佐々木さんに親しげに声をかけてきました。顔見知りなのでしょう。

「毎朝ご苦労様。あれ、今日は二人？」

「**ああっ、こいつワシの子分**」

部下じゃなかった。いつの間にか子分にされていました。

「一の子分のコラアゲンはいごうまんと申します。以後、お見知りおきを」

「ああ、お前、二人目の子分やから」

どうやら松山のどこかに、一番弟子がいるようです。

場所を移動し、コウノ病院の前を二人で掃除しながら、ふと聞いてみました。

「なんで、掃除するのをやめなかったんですか？」

「ワシ、子供が好きやねん。小さい頃、遊んだ公園の思い出が、いっぱいワシの中に残ってる。公園ってそういうもんやろ。ところが、最近公園がどんどん潰されてるんや。子供たちが可哀想で仕方がない」

　子供の記憶に残る綺麗な公園を残したい、それが佐々木さんの思いなのです。

「繁華街のど真ん中で、子供たちにとっては決して良い立地とは言えんけど、八坂公園は今も潰れず残ってる。きっと子供たちの思い出作りに役立つはずだから、守ってやりたい」

　だから、一人になっても掃除を続けているのです。

　そんな話をしながら、病院前の掃除が終わっ

愛媛県松山市の中心街にある八坂公園。

たのが、朝の8時。日は完全に昇っています。

これで終わりかと思いきや、なんと佐々木さん、これから再び八坂公園に戻ると言うのです。朝8時頃、集団登校のために近所の子供たちが八坂公園に集まってくるそうで、その場に毎朝顔を出し、子供たちの顔を見るのが何よりの楽しみなのだそうです。

佐々木さんは全員の顔と名前はもちろん、集まってくる子供の順番まで覚えていました。

「一番初めに来るのは○○ちゃん。あっ、来た来た……」

一人一人に声をかけ、同伴するお母さん方とも親しく挨拶を交わし、時には学校までみんなを送り届けることもあるそうです。

向こう三軒両隣。ここには、古き良き日本の姿が残っていました。

家には父と母、家の外では近所のオジさん、たとえ他人の子供でも、悪いことをすれば叱る。誰の子供でもみんなで守る。隣にどんな人が住んでいるのかも知らない、そんな時代に、この佐々木さんは近所の子供たちのことを全員知っていて、また子供やその親からも慕われ、愛されているのです。

この佐々木さん、じつはバツ2で今は一人暮らし。残念ながら、自分の子供は授かることができなかったそうです。毎朝集まってくる子供たちを、我が子のように思っているのかもしれません。

ふと思い出して、なんとはなしに佐々木さんに聞いてみました。

「コンビニの前に、ミドリちゃんっていう伝説の立ちんぼがいるのを知ってますか？」

今まで愛情たっぷりに子供たちの話をしていた佐々木さん。いきなり握り拳をこちらに向けて言いました。よく見ると、人差し指と中指の間から親指が飛び出しています。

「これか？　これ！」

そして、近くのマンションを指差して、あそこに住んでいると教えてくれたのです。

「ミドリはな、あそこで、××夫婦と一緒に×××なんや。××夫婦は××××っていう×××の店の経営者で×××の×××で××と××××××でな、×××××××なんや……」

佐々木さん、めちゃくちゃミドリちゃんに詳しかったのです！

初めから佐々木さんに聞けば、繁華街のど真ん中で大恥をかかなくても済んだのに……。

「ミドリは誰にでもサセよるねん、誰にでもな」

「僕、ミドリちゃんに断られました」

「え〜、あのミドリにフラれた？　マジで？　ミドリにも好みがあったんや……」

やっぱり、佐々木さんもビックリするほどの珍事だったようです。

これが松山に乗り込んだ初日、日曜の夜から月曜の朝にかけてのお話です。

翌日の火曜日朝4時。僕は佐々木さんに会うべく、再び八坂公園を訪ねました。

なんでも火曜日はゴミの日だそうで、佐々木さんは、そのゴミを狙ってやってくるカラスを追い払うために、オモチャのピストルで毎週戦いを挑んでいる。本人から、そう聞いていたからです。

公園に着くと、佐々木さんはすでに、オモチャのピストルを手にカラスを待ち構えていました。

「おはよう……。冷めんうちにコーヒーでも飲み」

ベンチに二人腰かけて、まずは缶コーヒーで暖を取ることにしました。

今夜のライブが終わったら、次は山口県。それが終わったら、また次の場所へ、取材とライブの旅が続く——そんな何気ない世間話をしていた時です。

佐々木さん、視線を僕に向けたまま、バスケットボールのノールックパスのように、あさっての方向に向かってピストルをぶっ放した！

どうやら、佐々木さんの視界の片隅にカラスが入ってきたようです。

「弾は出んでもええんや、音だけでビックリしよるから」

カラスがビックリする前に、僕がビックリしたわ！

そんな佐々木さん、僕が明日には山口に行くと知ると、残念がってくれました。

「そうか、行ってしまうんか」

バンッ！　2発目をぶっ放しながらですが……。

「でも、また来るんやろ」

「毎年、松山には来させてもらってます」

「終わりやないな、これが始まりやろ？」

「当たり前です。子分にしてもらったのに。親分には必ず挨拶に伺います」

「そうか、昨日、働いてくれたのに、何のお礼もしてないな」

「今、缶コーヒー、いただきました」

「あんなもんで……」

佐々木さん、悩みに悩んだあげく――。

バンッ！　本日3発目です。

「コレを持っていけ」

僕の手に握らせてくれたのは、そのオモチャのピストルでした。

「親分……。このチャカ、僕に譲って大丈夫なんですか？　次の火曜日も刺客はやってきますよ」

「心配するな、もう一丁持ってる」

その後、僕は市役所にも話を聞きに行きました。

松山市には公園が３００カ所もあるそうですが、個人がボランティアで公園の清掃を行っているのは、八坂公園だけだそうです。佐々木さんは、役所内でも有名人でした。

朝、オモチャのピストルの音で目が覚めると、

「あっ、今日は火曜日か」

これがご近所の目覚まし時計兼カレンダーになっているそうです。

さて、松山で芸人としての箔《はく》をつけようと挑戦した「飲む・打つ・買う」の結果は——。

「缶コーヒーを飲む、ピストルを撃つ、ミドリちゃんは買えず……」

芸の道は厳しい……。

宮城県・石巻市

被災地でボランティア体験をした話

これは、2011年3月に起こった東日本大震災の1カ月後、まだ余震が頻発し、日本中が混乱のただ中にあった頃のお話です。僕はボランティアとして復興支援に参加するために、ワハハ本舗の後輩芸人・チェリー吉武と一緒に、宮城県の石巻にいました。

チェリー吉武をご存じの方はいらっしゃるでしょうか。当時は僕を兄さん、兄さんと言って慕ってくれる可愛い後輩だったのですが、現在は、お笑いコンビ・たんぽぽの白鳥久美子さんとの交際をきっかけに、僕よりはるかに有名人になってしまいました。

彼は「ギネス芸人」としても頑張っておりまして、現在21個のギネス世界記録を持っています。その一つは、「30秒間で、お尻で胡桃《くるみ》を48個割ることができる」という記録でして……なんて、くだらない。

性格はすこぶるいい奴なんですが、頭の作りがちょっと残念な男なんです。

ある時、喰始社長が、

「吉武、今度の月曜日空いてる？」

と尋ねると、彼は真顔でこう返したんです。

「月曜日って何曜日ですか？」

すると、僕たちには朝まで鬼のダメ出しをするあの喰さんが、まるで幼児を諭すように言いました。

「月曜日は……月曜日ですよ」

喰さんのあんな穏やかな顔を見たのは、あれが最初で最後です。

それだけじゃありません。5年前（当時）に、僕が「人志松本のすべらない話」に、大抜擢で出演させていただいた時のことです。生まれて初めての大舞台。その前夜、極度の緊張に襲われていた時、吉武からメールが届きました。

「兄さん。自分をわきまえてください」

「そこは、自分を信じてくださいって言うべきところやろッ！」

結果的に緊張が和らいだのはたしかなんですが……チェリー吉武、僕より芸歴18年下の、愛すべき後輩なんです。

さて、ボランティアで訪れた石巻で僕たちを待っていたのは、「泥出し」という作業でした。テレビでは連日、有名人が避難所に赴き、被災者の皆さんを励ます姿が報じられていました。僕も、毎年、全国ツアーで東北の人々にはお世話になっています。

しかし残念なことに、僕とチェリー吉武には、訪れるだけで被災者の皆さんを喜ばせるようなネームバリューはありません。ならば、一市民として、肉体労働のボランティアをしよう、そう思ったのです。

僕たちに割り振られたのは、佐々木さんと大嶋さんという2軒のお宅でした。

津波に耐え、幸いにも流されずに済んだお宅ですが、家の中は、粘土のような土砂で膝あたりまで、びっしりと埋まっていました。

泥出しが、体力的にキツイのは、来る前から覚悟していました。でも、実際作業をしてみると、体力はもちろんですが、それ以上に、心が痛む作業なんです。

土足のまま部屋に上がり、積もった泥を、スコップで掻き出していきます。すると、かつて

震災から1カ月後の石巻市はまだ瓦礫の山だった。

の生活が偲《しの》ばれる、様々な品が出てきます。

泥まみれで皺くちゃになった、家族の写真、お子さんが小さい頃の写真なんかも、続々と出てきます。そういう貴重な品が出てきたら、もちろんその対処をご家族に相談しなければなりません。

「この写真どうします？　洗って残しますか？　それとも処分しますか？」

「捨ててください」

泥だらけの服も出てきます。

「処分してください」

地デジ対応のために買い替えたばかりの、大型液晶テレビも出てきます。

「もう、いいです……捨ててください」

可哀想なんて言葉では、とても表現できません。

泥にまみれて使いものにならないのはわかっています。対処を確認することで、感情を逆なでしているのではないか。そう思っても、持ち主に確認をせずに、僕たちが勝手に処分することはできないのです。

そんな状況で……脳ミソが筋肉でできているチェリー吉武君。

中身のテープが飛び出してデロンデロンになっている泥だらけのカセットテープを、佐々木さんの奥さんの前に差し出しました。

「これ、どうします？」

処分する時は確認しなくてはいけないと、彼なりに理解はしているようで、悪気はないんです。でも、もうこのカセットテープが使い物にならないのは、誰の目にも明らかなのに、しつこく聞くんです。

「このカセットテープ、洗ってもう一回聞きます？」

たったこの一言で、佐々木さんは、チェリー吉武をアホやと見抜きました。こんな悲惨な状況の中で、噴き出して笑いだしたんです。

「もう聞きません、処分してください」

「ホントに捨てていいんですね？　捨てますよ？」

吉武君、何度も確認を取った後、やっとテー

佐々木さんのお宅は、お風呂の中も泥でいっぱいでした。

プをゴミの集積所に持っていこうとしたのですが、ふと立ち止まりました。

「でも、これ香西かおりですよ」

僕は、思わず冷や汗が噴き出しました。

「お母さん、すんません！　僕ら二人は芸人で、彼に悪気はないんです。本当にすみません！」

しかし佐々木さんは大爆笑していました。

「ああ、久しぶりに笑いました」

それからはチェリー吉武をいたく気に入られたようで、彼の反応を見るために、わざと仕事を振るのです。

頼られることに気を良くした吉武君。佐々木さんが用意してくださった3時のおやつを、まるで自分が持ってきたかのように、周りに配り始める始末。アホなんですが、真っすぐな奴なんです。

チェリー吉武は、隣の大嶋さんのお母さんにもまんまと気に入られていました。理屈じゃない。極限状態では、本能で生きる彼の誠実さが、ストレートに伝わるのかもしれません。

被災者を前におかまいなし、我が道を行く、です。

その時、ふと気づいたのです。泥出しのボランティアは、大事な仕事だし、喜んでもらえた。でも、芸人の僕らにしかできないことがあるんじゃないか——。

　僕らは翌日、お笑いライブを届けようと、アポなしで近くの避難所を訪れることにしました。

　しかし震災からまだ一カ月。訪ねるところ、訪ねるところ、門前払いなんです。

「お笑いなんていりません」「今はそれどころじゃないんです」

　断られ続けたあげく、傷心のまま最後に辿《たど》り着いた避難所が、石巻から車で20分ほどの距離にある小学校の体育館でした。

「お笑いライブをやらせてもらえませんか！」

　40代後半、キャップを後ろ向きに被った避難所の館長は、僕たちがこれまで断られ続けたことを悟ってくれたのでしょう。アポなしで訪ねてきた無名芸人を、温かく迎え入れてくれました。

「う〜ん。結果どう転ぶかわかりませんが、やってみましょうか」

　許可を得て、体育館の中へ。すると、５００人を超える被災者で、体育館はすし詰め状態。ステージ上にも、人が溢《あふ》れていました。

「本来なら華やかに紹介させてもらって、大々的に漫談を語ってもらいたいのですが、見ての通り、舞台の確保もままなりません。申し訳ないですが、お一人ずつ、被災者を回ってもらえませんか？」

「もちろん喜んで。でも、僕らが、皆さんを訪ねて回って大丈夫でしょうか？」

これが天皇陛下ならわかります。一人一人声をかけて回られる陛下のお姿と、感激されている被災者の方々が、テレビでも紹介されていましたから。

「もう許可は出しましたんで、大丈夫です。私はこれから、出かけなければなりません。後はよろしくお願いします」

館長は僕たち二人を放り出して、逃げるように立ち去ってしまいました。

残された二人で、意を決して500人の被災者の中へと飛び込んでいきました。

「こんにちは、ワハハ本舗の芸人でコラアゲンはいごうまん、チェリー吉武といいます」

胡散臭い名前の二人が、目の前に突然現れたものですから、皆さんが怪訝《けげん》な顔で身構えるのは当然です。

「館長から許可を得まして、お話をさせていただきます。聞いていただけませんかね」

ここに辿り着くまで、めちゃくちゃな街の風景を、嫌というほど見てきました。

家がない。仕事もない。家族を失った人たちもいる。

お笑い芸人？　不謹慎だろ、ふざけるな！　そう怒鳴られるかもしれない。元来小心者の僕は、もう心臓バクバクです。

しかし、蓋を開けると、皆さん朗らかに受け入れてくれたのです。

「んだ～、そういえば、しばらく笑ってなかったなや～」

「笑わせて、笑わせてぇ～」

こんな無名芸人の芸でも、役に立てる。芸人ってこんな時のためにある仕事なんじゃないかって、しみじみ思いました。

感謝の気持ちを少しでも皆さんに返そうと一生懸命喋りました。

ふと隣を見ればチェリー吉武が、横になって腰を押さえたお爺さんと話し込んでいます。

「どうしたんですか？」

「坐骨神経が痛いのっしゃ……」

「えっ、坐骨神経痛ですか。僕もです！」

顔色を変えた吉武君。マッサージでもしてあげるのかなと思ったら、すっと立ち上がってその場を後にしました……。

揉《も》んでやらんのかい！

また、彼、子供には無条件で好かれるんです。プロレスラーのような大きな体で、両腕に子供をぶら下げて遊んでいると、若いお母さんがお礼を言いにやってきてくれました。

「ありがとうございます。楽しそうな子供の姿を、久しぶりに見ました」

そのお母さん、年齢の割に体が小さい我が子が心配なようで、それを聞いたチェリー吉武、慰めるように言いました。

「僕も2000グラムで生まれました。でもこんなに大きく育つんです。大丈夫ですよ」

ホッとした様子のお母さん。しかし、吉武君、慌ててこう付け足すんです。

「あっ、間違えました。僕3000グラムでした。生まれた時から大きかったんです」

なぜ母親の前でわざわざ訂正する。そこは2000グラムでいいやないか！

しかし、それを聞いたお母さん、爆笑していました。


持ち時間5分ずつ、客層を見ながら、家族の場合は下ネタを封印しつつ、場所を移動しながらネタを披露して回りました。こんな状況でも、北海道の帯広コルトの話は受けましたた……。

あるおばさんの前で、自虐ネタを披露した時のこと。

僕は昔、吉本興業で雨上がり決死隊の蛍原《ほとはら》君とコンビを組んで漫才をやっていました。コンビを解消した後、蛍原君は雨上がり決死隊として日の出の勢いで大出世。一方、僕は吉本をやめて……ワハハ本舗に拾ってもらいましたがいまだに下積み生活。元コンビだったのに、この格差は何なのか！

普段はここで笑いが起こるはずなんですが……件《くだん》のおばさん、目から大粒の涙をポロリとこぼしながら言いました。

「可哀想……」

家を失った被災者の方から同情される僕って……。

「いやいや、可哀想なのはおばさんの方ですやん！」

「いいえ、あなたの方が可哀想」

「避難生活を余儀なくされている、おばさんの方が可哀想ですよ！」

「だって、売れてない芸人さんは、すごいところに住んでいるって……」

たしかに僕が住んでいるのは、阿佐ヶ谷のボロアパートです。

お恥ずかしい話、このボロアパートにガスは通っていません。ハッキリ言って、大阪にいた20代の頃から、住宅事情はさほど変わっていません。

芸人になって25年。ガスのあるアパートには住んだことがないので、ガスのない生活を不便だと思ったことがありませんでした。ある日突然、ガスを失ってうろたえるのは、一度でも、ガスという甘い汁を吸ったことがある人だからでしょう。

ガスのないボロアパートに、個人用トイレがあるはずがない。もよおした時は共同トイレに駆け込むわけです。

この、ガスもない、個人用トイレもないボロアパートですが、ありがたいことに、電気だけは通っています。その上、震災の影響で電力不足となり、首都でも計画停電が実施されましたが、その時でも、杉並区は計画停電外のため電気は24時間使えたのです。

ただ、電気代滞納3カ月。電力供給を断たれたことは、何度もあります。

「それって——ライフライン止まってるでねぇの」

「それは、おばさんも一緒やないですか!」

「何を言ってるの? 私たちライフラインが止まってまだ1カ月だけど、**あんた、25年間止まったままじゃないの**。やっぱりあんたの方が、可哀想」

そう言って、おばさんは自分に支給された救援物資の菓子パンやおにぎりを、僕の手に握らせると、周りの被災者に、こう呼びかけたのです。

「この人、25年間、被災しているような生活を送ってる人なの。それなのに、私たちを笑わそうとノーギャラで頑張ってくれてるの。何でもいいがら、この方に……」

それを聞いた被災者の方々も、なんやかんやと理由をつけては、次々と支援物資を手渡してくれるのです。

「硬くて入れ歯に合わないのよね」

「海苔《のり》のついたパサパサしたものは、この年になると食べにくくて」

あっという間に支援の輪が広がりました。

それからは、僕が5分喋ると何かをくれるシステムができ上がりまして……。僕と目が合っただけで、何かゴソゴソ手渡すものを探す人も現れました。

わしゃ、弱者の上前をはねる山賊か！

しかし、被災してまだ1カ月です。勝手に目の前に現れた無名芸人を、こんなに歓迎できるものでしょうか。気持ちはありがたいけど、今は余裕がない、勘弁してくれと思うのが普通ではないでしょうか。なんて胆っ玉、なんて度量のある人たちなんだろうか。人間には、自分の持っている何かを、誰かに与えることで、幸福を感じるメカニズムがあるのかもしれません。

もう一人、84歳のお婆さんは、支援物資よりも僕が本当に欲しいものをくれました。

「ありがとね。今日は本当に久しぶりに笑わせてもらいました。お礼といってはなんだけど、一つ面白いネタを、あげましょうか？」

「えっ……どんなネタですか？」

芸人の哀しい性が出てしまいました。津波で被災したお婆ちゃんに、実際起こった「すべらない話」があるんです。

お婆さんの住んでいた地区は、海水浴場もあり、津波の被害が特に大きかったところです。

この地区にお住まいの方で、自動車が津波に流されずに残った方は、一人もいないそうなのです。

このお婆ちゃんの家の車も、津波の第一波で、所有していた2台とも、目の前で流されてしまいました。ただ見送るしかなかったそうです。

「ああっ！　車が……」

悲しんでいる間もなく、続いて津波の第二波が！　必死で津波に耐えた後、駐車場を見ると、見覚えのない5台の車が――。どうも波がよそから運んできたらしい。しかも、そのうち2台はドイツ車で、自宅にあった軽自動車が、ＢＭＷとベンツにグレードアップしたそうな……。

「でも、震災の話をネタにしたら不謹慎じゃないでしょうか」

「私の身に起こったことなんだから、私が許可するからいいのよ。津波を知らない全国の人に、この話をしてあげてください」

あんな大災害に遭われたお年寄りが、人生ここにいたって、まだ楽しもうという気持ちがあるんです。

蛍原死ねばいいなんて、思っちゃいけない。あらためてそう思いました。

全ての被災者のところを回り終わったのが、夕方の6時。昼の2時に館長から許可を得てから、あっという間の4時間です。帰ってきた館長が驚いていました。

「あんたら、まだいたの！」

この小学校にもいろんな芸能人が来てくれたそうです。ラモスさん、ベッキーさん、相田翔子さん、田中義剛さん——。

「でも、こんなに長時間いてくれたのは、コラアゲンさんたちだけです」

「いや、たいしたことないですよ」

「ただ、**救援物資を持って帰るのもあなたたちだけですけど**」

引き揚げようとすると、館長がポツリポツリと明かしてくれました。

「じつは、オイは市の正規職員でもレスキューの人間でもないんです」

避難所を仕切っている姿から、市の職員の方だと思い込んでいました。

「じゃあ、なぜ館長になったんですか」

「被災して体育館に避難した時、たまたま陣取った場所が体育館の中央だったんですよ」

まだ震災の翌日のこと。家族がどこかに避難しているに違いないと、望みを託してあちこち訪ね歩いている人たちが、入れ替わり立ち替わり体育館にやってきては、何かに取り憑《つ》かれたような必死の形相《ぎょうそう》で捜していたそうです。

館長自身も、はぐれた家族を捜して、各教室を回ったそうです。運よく家族と再会できましたが、その間、生きた心地がしなかったそうです。

目の前で家族を捜す人の心情は痛いほどわかる。体育館中央に避難したのは何かの運命。館長さんはついに我慢できなくなって、捜している人の住所と名前を聞き出すと、声を張り上げて叫んでいた。

館長さんのご商売は、じつは魚屋さんです。商売柄声が大きく体育館の隅々までよく通りました。

その大きな声を聞いて、館長さんの後ろに〝館内放送〟待ちの行列ができたそうです。それから人捜しだけではなく、物資、給水車の到着や銭湯の案内などの連絡事項を、自慢の声でアナウンスしているうちに、自然と〝館長〟と呼ばれるようになったそうで——。そして、そのあまりにも熱心な働きが認められ、役所の方から臨時職員として採用されたのです。

リーダーシップに溢れた館長さんですが、震災が起こる前までは、人の前に立つことのない人生を歩んできたそうです。

「波風を立てないよう、そっと人生を送ってきたのに、津波に呑み込まれて、濁流の中から偶然伸ばした手が、２階のベランダの手すりを摑んだんだ」

大勢の方が亡くなった中、自分は命を拾った。

「助かった自分は、何ものかに生かされているんじゃないか？　そう感じずにいられないんです。それ以来、自分でも驚くぐらい、性格が変わったような気がする」

「いえ、性格が変わったんやないと思います。眠っていた潜在能力の扉が震災によって開いたんですよ」

館長さんだけじゃありません。今、俺が、私がやらなければ！　と、被災地には名もなきヒーローが、たくさん誕生しているに違いありません。

以来、3月11日には毎年、館長さんの自宅を訪ねているんですが——。去年あたりから、僕の訪問を明らかにウザがっている様子でして……。

「もう今年はいいだろう？」

「そんなこと言わないで、飯食わせてくださいよ」

今年も無理やり飯をタカリに行ってきました。

泥出しボランティアに行った1年後——。佐々木さんのお宅を久しぶりに訪ねました。僕のことをなかなか思い出してくれないお母さんに「1年前に、ほら——」と、言った途端、

「ああッ、チェリーの相方ッ！」

「僕は忘れてもチェリー吉武のことは覚えているんですね」

佐々木さんはその時から現在の状況——たんぽぽ白鳥バブルによるチェリーのプチブレイクを、予見していたのかもしれません。

「ごめんなさいね、あの人は凄《すさ》まじかったから」

隣の大嶋さんも、僕の記憶はあやふやで、チェリー吉武のことだけはしっかり覚えていました。

小学校に、「神様にお願い」という、子供たちの願いを書くボードがありました。

「また、家族と一緒に暮らしたい」

「みんなと同じ学校に通いたい」

胸が痛む、切実な願いが書かれています。その中に、僕たち二人のことが書いてあると、館長さんが教えてくれました。ワクワクしながら探してみると——子供の幼い文字でこう書いてありました。

「チェリーだけが売れますように」

なんでチェリーだけやねん！

そういえば、僕のこともどこかに書いてあるはず——。

「コラアゲン、全財産くれ！」

逆さに振っても、何も出ん！　小学生からこんな仕打ちを受けるとは……。避難所の救援物資を持って帰った罰が当たったのかもしれません。

被災地の子供たちと記念写真。みんな明るい！

ショート・ミッション③　愛知県・岡崎市

貧乏神の像を探して

ワハハ本舗には、村井さんという、経理部長がいます。経理部長でありながら、大福神と自ら名乗り、金ピカの毘沙門天みたいなコスチュームでステージに登場する変人です。

その村井さんが、地元の愛知県岡崎市で語り継がれているという噂話を教えてくれました。市内のどこかに「貧乏神」の像があると言うのです。もちろん、あくまで都市伝説にすぎません。

「コラアゲン。真相を探ってきてもらえると嬉しいんだけどなあ……」

やんわりした口調ですが、こう見えて村井さんは、ワハハ本舗のナンバー2。喰社長に次ぐ権力者です。吹けば飛ぶような立場の僕に、拒否する度胸はありません。

しかし、名もない一人の芸人に、都市伝説の真相なんて解明できるものでしょうか。1日や2日調べて「結局見つかりませんでした」では、あの村井経理部長が納得するとは思えません。

こうなったらローラー作戦しかない。

目についた家を一軒一軒、手当たりしだい回ってみることに決めました。見ず知らずのご家庭のインターホンをピンポンして、こう尋ねるのです。

「貧乏神の像って、どこにあるかご存じありませんか？」

もちろん、わざわざ玄関先まで出てきてくれる家はほとんどありません。無言でインターホンを切られることもしばしばです。このままだといつか警察に通報される……。そんな不安を抱きつつも、腹を括って、市内を尋ねて回りました。

「噂は聞いたことはあるけどね」

「知りません」

誰に聞いても、似たような返事しかされません。

一日中、岡崎市内を無作為に20～30軒回ったものの、何の成果もありませんでした。

しかし、このままでは終われない！　大福神を思わせる温和な村井経理部長の狂気をはらんだ目が脳裏に浮かびます。

すると翌日、閑静な住宅街のあるお宅を訪ねた時に、思わぬ反応がありました。呼び鈴を押し、出てきた上品そうな奥さんが、僕の顔を見るやいきなりこう言ったのです。

「あッ、あなた貧乏神の像、探している人でしょ！」

「ど、どうして知っているんですか？」

「貧乏神の像を知りませんかって、貧乏くさい男が訪ねてくるって噂が流れてるのよ」

都市伝説を調べている間に、いつの間にか僕自身が都市伝説になっていた……ちゃんちゃん。村井経理部長、これで勘弁してくださいッ！

新潟県・新潟市

新潟刑務所を慰問した話

新潟に「NAMARA」というお笑い集団（プロダクション）があります。

ワハハ本舗とも浅からぬ関係がありまして、僕を含めて多くの若手が、新潟に遠征するたびにお世話になっている事務所なんです。「なまら」は、新潟の方言で、「たいそう」とか「非常に」という意味だそうで、いっぷう変わった芸人たちが所属しています。

今回のネタは、NAMARAの芸人さんが受けた「ある営業」に同行させていただいた時のお話です。

以前、日本テレビの「ダウンタウンDX」でこの話をした時は、一部カットされてしまいました。放送コードに引っかかったのか、それとも自主規制なのか――。今回はノーカット、完全版で書かせていただきたいと思います。

偶然、新潟に仕事で来ていた僕に、NAMARAの江口歩《えぐちあゆむ》代表が声をかけてくださいました。

「明日、刑務所に慰問ライブに行くんだけど……。体験ノンフィクションの役に立つかもしれないから、一緒に来るか？」

刑務所？　たしかに普通に生活していたら、まず行く機会はない場所です。僕も、生まれてこの方、幸いにも刑務所にはご厄介になったことはありません。こんなチャンスは滅多にない。芸人仲間もいるし、全幅の信頼を置いている江口代表が後ろ盾になってくれています。社会科見学でもするつもりでワクワクしながら同行させていただいたのですが――。

刑務所――そこはまさに異空間、驚きの連続でした。

当日、打ち合わせのため、僕たちを呼んでくれた刑務官のもとを訪れました。広くて立派な応接室に通されたかと思うと、開口一番こんなことを言われたのです。

「私どもの刑務所、レベルが高いですよ」

な、何の？　新潟はお笑いに目が肥えているのか？　芸人一同、顔色が変わりました。

聞くと、この刑務所に収監されている受刑者は、初犯の人が一人もいないのです。

つまり――世間ではやってはいけないことを、何度も何度も繰り返し――捕まって勤めを果たしたのに、シャバに出たと思ったらすぐ舞い戻る――。まさに、文字通り、「塀の中の懲りない、本当に懲りない面々」なのです。

「要するにですね、犯罪者としてのスキルが高いんです」

スキルって……。そんなカジュアルな表現でいいのでしょうか。

ともあれ、放火魔もいれば、婦女暴行で捕まった人間もいるらしく、あらゆる犯罪者が集まっている場所であることはたしかなようです。

「あと、これはルールなのですが、受刑者はどんなに楽しくても、拍手をする時も、肩より上には絶対手を挙げません。こんな感じです」

刑務官はそう言って脇を締めて、体の前で小さく拍手をしました。

「なぜか、わかりますか？　コンサートなどで盛り上がると、拳を突き上げて声援を送ったりすることはよくありますよね。刑務所では、一歩間違うと、感情が高ぶりすぎて乱闘に発展する可能性があります。それを防ぐために、手を肩より上に挙げることは禁止しているのです」

たしかに暴動は怖い——。しかし刑務官が続けた言葉に僕は耳を疑いました。

「お願いです、**受刑者をむやみに笑わさんでください**」

芸歴25年。スベるな！　と、言われたことは何度もあります。しかしライブの主催者から「笑わせるな」と言われたのは初めてです。

「どういう意味ですか？」

説明し慣れているのか、刑務官の方は、野球を例にして教えてくれました。

「カーンッ！　ホームラ〜ン……これ、盛り上がって暴動になりかねない。かといって、空振り三振ッ！　これ、盛り下がります。せっかく芸人さんを呼んだ意味がない。**ツーベースヒット**でお願いします」

いや、ホームランがいらないなら、気は楽なんですが……。複雑な心境のまま、会場となるだだっ広い講堂に入りました。

舞台袖のカーテンの隙間から会場を覗いてみると——ツーベースヒットなんて絶対無理！　静まり返っていたので、まだ客入れをしていないのかと思いきや、すでに700人の受刑者が座っていました。誰一人、物音一つ立てず、舞台をジッと見つめています。

お笑いライブの会場といえば、期待に満ちた空気でザワザワしているもの。それに比べ、規則なのでしょうが、こんなに大勢の観客がいるのに、シーンと静まり返っています。

その上、全員が、受刑服に坊主頭。社会生活を営む上で、やってはいけないことを何度も犯しておられる方々ばかり……。とても、お笑いライブの会場とは思えません。

少しでも自分たちのやりやすい空気にしようと、隣に立つキリッとした眉の看守さんに申し出ました。

「僕らで前説をさせてください！」

テレビの収録でも、ライブ会場でも、本番前に「前説」をしてお客さんの気持ちを和らげ、会場を盛り上げるのが鉄則です。僕を含めＮＡＭＡＲＡの芸人の中にも前説のできる人間はいます。

しかし、看守さん、キリッとした眉をますますキリリッとさせると。

「いや、プロのお手を煩わせるには及びません。前説は私ども看守にお任せください」

場慣れした看守がいるものだと安心していたら——呼ばれて出てきたのは、威圧感丸出しの看守さん。睨《にら》みつけるような目で僕たちの前を通り過ぎ、舞台に上がっていきます。

嫌な予感がしました。

カツッ！　カツッ！　と、靴音を響かせて舞台中央へ立つや、腹の底から声を張り上げました。

「只今よりッ！　演芸会を執り行うーッ！」

〝前説〟の怒鳴り声が、静まり返った講堂の隅々まで響き渡ります。

「それに先立ちッ、まずは皆の気持ちを——静めるためにッ！」

静めてどうすんねん！　盛り上げてほしいんです、僕たちは！

あげくの果てには、前説の最後に——。

「全員ッ！　黙禱ッ！」

７００人全員が静かに目を閉じた。

黙禱中も、受刑者を睨みつけるように、壇上で歩き回る前説看守。靴音だけが響く講堂。長い静寂の後、

「やめィ！――では、どうぞ」

ムリムリムリ！　こんな雰囲気で出ていけるか！

こうなったら、音楽に頼るしかありません。袖にいた看守さんに、何か盛り上がるような音楽をかけてくださいとお願いすると、まさかの答えが――。

「ゴジラのテーマでいいですか？」

出ていくと同時に、血祭りになるわ！

ゴジラ以外なら何でもいいです、と言い捨てて、江口代表と僕、後輩の三人で舞台に飛び出しました。

送り出してくれた音楽は、『タイタニック』のテーマソング「My Heart Will Go On」。セリーヌ・ディオンでした……。

舞台に立った三人、急に穏やかな気持ちになって、

「どぉ～も～、こんにちはぁ～」

700人の懲りない面々の前に放り出されました。

しかし、大量の坊主頭の睨みつけるような視線を前に、頭が真っ白になってしまった僕た

ち。三人が三人とも無言になってしまいました。テレビやラジオなら完全な放送事故です。

状況をなんとか打破しようとしたのは、さすが最年長、お笑い事務所NAMARAを率いる江口代表。お笑い不毛の地といわれた新潟にお笑いを根付かせた反骨精神を持ち、その経営手腕は雑誌『AERA』で特集されるほどです。

そんなキレ者が、信じられないことを口走りました。

「こ、今週の土曜日にィ、新潟市のスペース・MでNAMARA15周年記念ライブがあります。よかったら来てください」

いやいや、ムリやろ！　なんと、これから何年も何十年もこの場所から出られない受刑者に対して、今週末、市内で開くお笑いライブの告知をしたのです。

その時僕は、ツッコむべきかどうか、一瞬悩みました。……なぜなら僕も傷つく可能性が高い。

いや、毒を喰らわば皿までじゃ！　後がどうなろうと、先輩がボケたら後輩がツッコむのがこの世界の仁義！

「行けるか～ッ！」

そうツッコんで、恐る恐る客席に視線を移しました。

あきらかに会場は険悪なムード。状況はいっそう悪くなってしまいました。

江口代表に目をやると、握ったマイクのスイッチをそっとオフにしています。

戦意喪失。大将が戦線離脱した以上、次に年上の僕がいくしかない。

ネタに入る前に、まずは仲間意識を持ってもらおう。そう思って、恥を忍んで自らの〝犯罪歴〟を話してみようと考えました。

「ダウンタウンDX」ではここで規制がかかったのですが——。

女性の読者の方々——いや、男性でも不快になられるとは思いますが、僕は、21歳の頃、女性を襲おうとしてしまったことがあるんです。その頃はとにかくモテなかった……。モテないのは今も変わりませんけど、夏場の女性の露出についムラムラしてしまって、衝動的に、目の前を歩いていた女性に飛びつこうとしてしまったのです。

間一髪で僕の肩を摑んで止めてくれたのが、パトロール中の大阪府警のおまわりさんでした。

「何してるんやッ!」

多分、女性の後ろ姿を見つめる僕の様子がおかしかったんでしょうね。おまわりさんのおかげで未遂で済みました。

しかし、舞台上で窮地に追い込まれたとはいえ、こんな恥ずかしい話はしたくはなかった——。ちょっと後悔していると、笑い声が静寂を破ったのです。

「ワッハッハッハッ！　あるある」

どうやら犯罪スキルの高い人々の間では、あるあるネタなようで……。

少し、会場が温まってきたのを感じました。その温度を感じ取ったのは僕だけではなかったようです。

形勢逆転したと見るや、江口代表が息を吹き返し、突然マイクのスイッチをオンにして、ドヤ顔で僕をいじってきました。

「来年俺たちが慰問に来た時は、お前は舞台の向こう側にいるかもな」

「そんなわけないやろ！」

江口代表にツッコんだ後、もうひとヤマ盛り上げようと、袖にいた看守さんに話を振ってみました。

すると、真面目な看守さんは表情を崩さず、こう答えました。

「大丈夫です。コラアゲンさんがここに来ることはないと思います」

「ですよね！」

「初犯の者は、この刑務所には来ないので」

ガクッ。ついムカッときた僕はすかさず言い返しました。

「レイプなんかするかッ！　お前はアホかッ！」

口汚く看守さんを罵倒する僕のツッコミに、なんと700人の受刑者全員が大喜び。

これか！　思い当たる節はある……。

以前、中学校の生徒さんの前で喋る機会がありました。事前に職員室で教職員の方々に挨拶をして回った時、僕が売れない芸人だと知るや、上から目線でぞんざいな扱いをする生活指導の先生がいたのです。

そんな教師が、生徒に愛されているはずがない。そう思って、開口一番――。

「○○先生ムカつけへん？」

たったこの一言で、一瞬にして会場が爆発したことがありました。

日頃から、陰でコソコソ悪口を言ってはいるが、声を大にしては言えない。そんな鬱憤を全校生徒の前で言い放った無名の芸人。その瞬間、僕は彼らのヒーローになったのです。

そのメカニズムは中学校も刑務所も同じなのでしょう。刑務官に「お前」と言った僕に対して、一斉に拍手が起きたのです。手は肩から下でしたが……。


さて、じつは僕の出番はここまでです。

そもそもＮＡＭＡＲＡに依頼があった慰問の営業です。主役の座は僕たちと入れ替わりに登場する、ＮＡＭＡＲＡ所属の芸人に移ります。

その名も、脳性マヒブラザーズ。

ツッコミ担当は車椅子の周佐則雄《しゅうさのりお》君、ボケ担当がＤＡＩＧＯ君、二人とも芸のために作ったキャラクターではなく、本当に障害があります。

車椅子の周佐君は、体に障害がありますが、口は饒舌で普通に喋れます。相方のＤＡＩＧＯ君は、逆に言葉に障害があって上手《うま》く喋ることができません。その凸凹コンビが、自らの障害をネタにお互いをイジりまくる漫才なのです。

舞台に上がっていきなり、ＤＡＩＧＯ君がたどたどしく挨拶します。

「ミ、ミナ……サン、コ、コンニチハ～」

間髪いれず車椅子の周佐君がツッコむ。

「はっきり喋れーっ！」

自分たちの境遇を逆手に取った、良くできたネタなんです。

たとえば刑事ネタ。ドラマの中の刑事ってカッコいいからやってみたい、そう言ってポケットから手帳を出しつつ、

「こういう者ですが」

「それ、障害者手帳！」

障害者自らが自分の障害をイジる、捨て身のネタです。ですが不思議なもので、このネタ

をお客さんの前で披露すると、半々の確率でスベるそうです。笑っていいの？　不謹慎では？　という感情が、ブレーキをかけるのでしょう。

ところが、この刑務所では、全員が大爆笑。なぜ、受刑者たちはこんなに素直に笑うのか。間違った考えかもしれませんが、僕はこう感じました。舞台の上の彼らは、見るからに大変そうだが、受刑者にとっては同情する余裕はない。自業自得とはいえ、言語に絶する人生を送ってきた受刑者たちです。ある意味、同じ不自由な人生を送っている仲間として共感しているのではないか。

ネタを終え、大爆笑で観客の心をガッチリ摑んだ脳性マヒブラザーズ。持ち時間が終わりに近づいた時、ＤＡＩＧＯ君が、たどたどしい言葉でゆっくりと語り始めました。

「僕は、障害者としてこの世に生まれてきた。差別もたくさん受けた。そんな僕を、ボランティアの人たちは助けてくれた。ありがたかった、すごく助かった……。だから今度は、僕も助ける側に回りたい。そう思って、障害者だけどボランティア・センターに登録させてほしいと頼んでみた。でも、もし何かが起こった時に責任が取れないから、と断られた……。僕はいつも人から何かをしてもらうだけで、誰かに何かをしてあげることはできないんだ。そう思い知った」

そんな時、彼に声を掛けたのが、NAMARAの江口さんだったそうです。

「その悔しさを、笑いに変えてみないか？　お前たちに救われる人がきっといるはずだから。

そう江口さんに言われて、半信半疑だったけど、舞台に立ってみた。ウケた。嬉しかった。その時初めて、ああ、自分にも人を楽しませることができるんだ、と気づいた。

この世には、障害のない人は一人もいません。程度の違いはあっても、何かしら障害がある。僕たちは体の障害、皆さんは法律を守れないという、心の障害です。みんな、思い通りにならない人生を懸命に生きています。神様は越えられない試練は与えません！　試練が心を豊かにするんです」

嗚咽《おえつ》する700人の受刑者たち――。さんざ

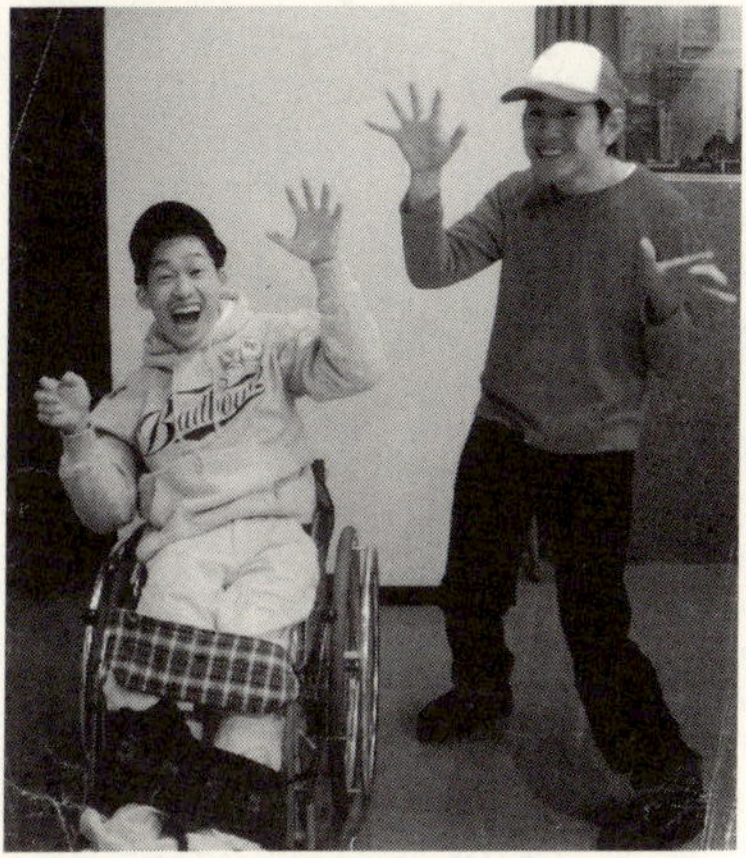

NAMARAの芸人、脳性マヒブラザーズ。

ん笑わせて、最後は見事に泣かせる。まるで藤山寛美《ふじやまかんび》です。

しかし、調子づいたDAIGO君。最後の最後で禁句を口にしてしまうのです。

「諸君、シャバで会おう！」

これじゃ江口代表の二の舞――そう思った瞬間、受刑者全員が大歓声を上げていた。

「会おう！」「会おうッ！」

気づけば、みんなルールを無視して、肩から上に手を振り上げて、大きな拍手をしていました。暴動か？　と一瞬思いましたが、看守さんたちは黙って見守っていました。

脳性マヒブラザーズの芸を間近に見て、気づいたことがあります。

障害者の方を見たら、何かしてあげようと思ってしまう。「あげよう」と思った時点で、彼らを上から見ていることになってはいないか？　健常者が全て上回っていると思うのは間違いです。少なくとも、この舞台で僕は彼らにかなわなかった。

そしてそんな彼らを舞台に立たせている江口さんもすごい。批判もあるだろうに、根性が据わっている人だ――。

そう思いながら控室に戻ると、江口代表がDAIGO君を一喝しているではないですか。

「天狗《てんぐ》になるなッ！」

「なにをッ！　代表のくせに自分はスベったじゃないか！」

「お、俺のことはとやかく言うな……。だいたいお前、最近ツカミで、ちゃんと喋れるようになってきてるぞ！　脳性麻痺が喋れちゃダメだろ！」

「舞台が、いいリハビリになってるんだよ！」

感情剝《む》き出しで理不尽なダメ出しをする江口さん。なるほど、人間として対等に付き合うというのは、こういうことなんですね――。そんなことも教わった、新潟刑務所での慰問ライブでした。

ガリガリ君でアタリを出す方法の話

広島県・広島市

売れっ子芸人の陣内智則君が、売れない先輩である僕を、ニコニコ動画の番組のゲストに呼んでくれたことがあります。

「兄さんほど運のない人も珍しい。そんな人が、ガリガリ君を食べ続けたら何本目にアタリが出るか、番組内で挑戦してみませんか?」

ガリガリ君といえば――このコマーシャルソングを知らない人はいないでしょう。

「ガ~リ、ガ~リ~君。ガ~リ、ガ~リ~君。ガ~リ、ガ~リ~君~♪」

ちなみに、この歌を歌っているのは、わがワハハ本舗に所属する芸人トリオ、ポカスカジャン(大久保ノブオ、タマ伸也、省吾)なのです。

それはさておき、1981年に発売されてから、30年以上支持され続けている国民的アイスキャンディー、ガリガリ君。僕も大好きでよく食べますが、たしかにアタリを出したことはありません。

そもそも、アイスキャンディーのアタリが出る確率というのは、どのくらいのものなのか。

ガリガリ君を販売する赤城乳業によれば、「景表法」（正式には、「不当景品類及び不当表示防止法」という長ったらしい名前の法律）で決められた通り、売り上げの2％に当たる比率でアタリが出るように調節されているそうです。

ということは、50本に1本の割合でアタリが出るということになります。

これはなかなかの確率です。運がない芸人である僕を面白がって呼んでくれた陣内君ですが、放送時間内に一本もアタリが出なかったら、さすがに企画が盛り下がると思ったのでしょう。「保険をかけさせてもらいます」ということで、当時、売れ始めていた猫ひろしと二人で挑戦することになりました。

そして迎えた当日。スタジオには大きな冷凍庫がドンと置かれてあって、中にはソーダ味、コーラ味など、霊気――いや、冷気をまとった、溢れんばかりの「ガリガリ君」が詰まっています。

放送が開始されるや、紹介もそこそこにガリガリ君にかぶりつく僕と猫ひろし。

普段から食べ慣れているガリガリ君とはいえ、美味しく食べられるのは2本まででした。

3本目を食べ終わる頃には、こめかみがキーンとなり、口内は痺《しび》れて感覚が奪われ、舌は味を判別する機能を失っていました。もはや、アイスが口の中にあるのかないのかすら、よくわかりません。ガリガリ君の当たる確率はやはり関心が高かったようで、普段よりも多くの視聴者がネットの向こうで、その瞬間を心待ちにしています。

次の日の腹具合がどうなろうと知ったこっちゃない。猫ひろしと二人で、下痢を覚悟で滅茶苦茶頑張りました。

放送時間の30分を過ぎ、食べたガリガリ君の本数は、僕は20本、猫ひろしは13本。二人合わせて33本。結局、アタリは出ませんでした。

知ってますか？　アイスを食べすぎると、人間は体が凍えて、震えが止まらなくなるんです。ガタガタ震える僕を大笑いで見ていた陣内君、番組終了後にねぎらいの言葉をかけてくれました。

「兄さん、面白かったですわ。悲愴感漂う、切羽詰まった感じが」

そしてなんと、来月もう一回ゲストに来てほしいとオファーしてくれたのです！

後輩から仕事を認められた（？）僕は、震えながらアイスを食べ続けた甲斐があったと喜びました。しかし陣内くんは涼しげな顔で、僕にこう告げました。

「不運な人は、20本食べてもアタリが出ないということはわかりました。だから、同じことをやってもおもろないんで……兄さん、〝捏造《ねつぞう》〟してもらえませんか？」

「捏造？」

アタリが出せないのであれば、ハズレ棒に「アタリ」と手書きで書き、お店の店員に真顔で「当たりました」と言ってそれを渡して、新しいガリガリ君と交換してもらえと言うのです。

「陣内君……それって詐欺とか、犯罪にはならへんのかなあ……」

「さあ。でも喰さんの出す過酷なお題をクリアしてる兄さんなら、これくらい簡単でしょ」

「も、もちろん！」

その数日後、僕は広島で開かれる「日本笑い学会」に講師として呼ばれていました。笑いを総合的に研究するというアカデミックな会で、講師陣には医師、大学教授、アナウンサー、ベテランタレント、作家がそろっています。そんなところになぜ僕が――。

それはさておき、僕は、その広島で陣内君からの指令である「捏造アタリ棒」にチャレンジしようと考えました。

広島の中心地から徒歩15分ほど、宿泊ホテルの近くに一軒のコンビニを見つけました。ここなら間違いなくガリガリ君を売っているに違いない。

このミッションを遂行するためには、事前にガリガリ君を買っておく必要があります。さらに、その店で僕がガリガリ君を買ったという事実を、店員に印象づけておかなければなりません。愛想よくうすら笑いを浮かべつつ、「鈴木」というネームプレートを胸につけた黒ぶちメガネの男性店員に尋ねました。

「ガ、ガリガリ君ってどこに置いてありますか？」

そして、印象の薄い僕の顔を覚えてもらうために、アイスの棚まで案内してもらい、ガリガリ君のソーダ味を一つだけ購入。そして店を出るなり、さっそく袋を破いてかぶりつきました。当然ながら、アイスの中から出てきたのはハズレ棒。

そして用意していたマジックで湿ったままの棒に「アタリ」と書き込みました。

準備はできました。その「捏造アタリ棒」をポケットに忍ばせた僕は、数分前に出たばかりのコンビニに舞い戻りました。

しかし――これまで、数々のムチャな取材をこなしてきた僕ですが、この捏造したアタリ棒をポケットから出すことが、なかなかできない……。

たとえ本当のアタリ棒だったとしても、いい大人が新しいアイスと交換してもらうのは、気が引けるものです。何か別の商品を買うついでという体《てい》で、交換してもらったりして……。それなのに、この悪ふざけとしか思えない、手書きのアタリ棒を出さなければならないのです。

でも、後輩である陣内智則に、「できませんでした」とは死んでも言いたくない。僕の肩には社長の喰始、そしてワハハ本舗のプライドが乗っかっているのです！

覚悟を決めた僕は、アイス棚に僕を案内してくれたメガネの鈴木君を見つけて、捏造したアタリ棒を突きつけました。

「すみません、先ほどのガリガリ君、当たりました」

捏造アタリ棒を受け取った鈴木君。じっくり裏表を確認すると――。

「おめでとうございます」

「えっ？」

予想もしていなかった反応です。面食らった僕に、彼は苦笑いして続けました。

「てか、これ無理でしょ～」

まさか、このボケ（？）に、ノリツッコミで返すとは――。芸歴25年の売れない芸人、見事、素人の返り討ちに遭いました。しかし、プロとして、このままでは引けません。

「当たりましたけど！」

「って言われてもお客さん……これ、まだ乾いてないし。今マジックで書きましたよね」

必死に首を横に振る僕に彼は、

「う～ん……じゃあ、本物を見せますね」

と言って、レジから正規のアタリ棒を取り出して見せてくれました。

その棒には〝1本当り　ガリガリ君かガリ子ちゃんと交換できます　ガリガリ君リッチとは交換できません〟と、焼き印が押されています。

あれだけガリガリ君を食べてる僕も、本物のアタリ棒を見たのは、これが初めてです。

ここでネタばらししないと、警察沙汰になるかもしれない。僕は逃げ出すよりも全てを打ち明けることを選びました。僕がワハハ本舗の芸人であること、捏造したアタリ棒を持ち込んだのも、陣内智則君の番組の企画であること、捏造したこの棒を差し出す際は、足が震えるぐらい怖かったこと――。

「へぇ〜面白いですね」

怒りもせず、企画に興味を示してくれた鈴木君。

「本当に面白いと思ってくれるなら――話を膨らませるために、なんとか、なんとかこれで新しいガリガリ君に交換してくれへんかな？」

「僕にも店員としての立場がありますから、それは無理ですよ」

そりゃそうだ。

「でも、あなた芸人さんなんですよね。プロの芸人はそこまでするのか！　と僕を驚かせるような演出でこられたら……ちょっと考えるかもしれませんねえ」

「たとえば？」

プライドを捨てて、素人に助言を乞う情けない僕……。

「ここは広島ですからねえ。〝仁義なき戦い〟バージョンなんてどうです」

「仁義なき戦い？」

「頭にたんこぶの一つも作ってですね、店に飛び込んでくるんですよ」

「うん、うん、それから？」

「シノギでヘタこいてしもたんや。このままでは兄貴に殺される。助かりたかったらこのアタリ棒をガリガリ君と交換してもろてこいって言われてんねん。兄ちゃんワシを助けるおもて、これでガリガリ君をワシに、ワシにくれッ！

――これぐらい、やってくれたら、僕も考えますけど」

いやいや、どんな設定やねん！

こちらが、ガリガリ君の正式なアタリ棒。

してても交換しますわなぁ」

「人の命と、65円（当時）のガリガリ君を天秤にかけたら――そら、手書きのアタリ棒だとしても交換しますわなぁ」

なんという追い込み方。こいつホントに素人なんか――。

メガネの鈴木君にやり込められた僕は、日本笑い学会の講義も順当にスベり、二つの宿題を抱えたまま、次の営業先である米子へ移動しました。

米子で一つライブを終えた後、リベンジを果たすべく広島へ戻ってきたのが、1週間後。

そう、メガネの鈴木君がコンビニのシフトに入る日です。

仮に、例に出された仁義なき戦いバージョンでリベンジに臨んだら、鈴木君のことです。

「おめでとうございます……て、そのままかいッ！」

そうツッコまれるのがオチ。何か別の演出を考えなければ、ナメられてしまいます。ネタを作ることができないからノンフィクション漫談に辿り着いたのに、今さらネタを作らなければならないとは……。

とりあえず仮装するアイテムを探そうと東急ハンズへ向かいました。しかし、目ぼしいものは、女装用のドレスくらいしか見つからない。

女装で何かできないか……。仁義なき戦いを例に出すあたりを見ると、鈴木君の琴線はどうやら人情モノにありそうです。

女装＋人情。設定がひらめきました。

文化も言葉も違う異国の地日本で、夜、酔っぱらい相手に一生懸命働くフィリピーナはどうだろう。もちろん、稼いだお金は全て遠い故郷の家族に送金。それなのに、明るさを失わない、陽気な女性――。

さっそく、4900円の女装キットを購入。そして今回の宿泊先、広島中心地の某ホテルに戻って着替えを済ませます。

しかし、ここで一つ問題が。陣内君の番組で見せるために、女装の証拠写真を撮らなければなりません。ここは恥を忍んで、ホテルマンに撮影を頼むしかない――。

お客の要望を叶えるのが彼らの仕事です。ロビーにいた一人のフロントマン、快く引き受けてくれたのはいいが、カメラを構えるや、なぜ

渾身のフィリピーナ風女装で、いざコンビニへ！

か予想外の展開に。

恥ずかしいから素早く1枚だけ、と頼んだはずなのに、目線はこちら、手は腰に、後ろ姿も記念に撮っときましょうかなどと、何度もポーズチェンジを要求してくるのです。ロビーを通りすぎるお客さんたちの好奇の目に晒されたことはいうまでもありません……。

辱《はずかし》めはまだまだ続きます。さすがはおもてなしの国、日本ですね。鈴木君の待つコンビニへ向かおうとすると、5人ものホテルスタッフが、深々と頭を下げて送り出してくれました。

「行ってらっしゃいませ」

女装姿の変態オヤジのこの僕を……。

ホテルから敵の待つコンビニまでは徒歩15分ほど。女装姿の僕は、街行く人々の失笑の洗礼を受けながら、広島の中心地をひたすら歩きます。

鈴木君の姿を店外から確認し、決心が鈍らないうちに店内に突入!

「店長さん、店長さん、ワタシ、サラ・ゴメスいうヨ。ワタシ、夜一生懸命、一生懸命働いてるヨ、働いて国のオトサン、オカサン、オニィサン、オトト、小さいオトト、末のオトト、にお金送ってるヨ。その末っ子のオトトが――ガリガリ君食べたい、ガリガリ君食べたい言うヨ、でもワタシはもう買うお金ないヨ。だからワタシ好きでもない男に身を任せ、汚れたお金で、何本も何本もガリガリ君食べたヨ。でもぜんぜん当たらないヨ。店長さん、だからア、一生懸命覚えた日本語でアタリって書いたヨ。どうかこれでガリガリ君と換えてください、店長さん！」

鈴木君、腹を抱えて爆笑していました。

「いったい、その格好にいくらかかったんですか」

「……４９００円」

「ガリガリ君、70本買えるじゃないですか」

どうやら鈴木君、満足してくれたみたいです。

「いや、笑わせてもらいました。プロの芸人さんにここまでさせちゃいましたし、ガリガリ君、交換させていただきます——と言いたいところなんですが」

「が……？　今度は何なの？」

「ガリガリ君を製造してる会社の生産ラインが、３日前にストップしたらしいんですよ。だから今、日本中から、ガリガリ君が消えてるんです。申し訳ないんですけど、交換できないんですよ」

どうしてこんなにツイてないんだ……。

必死に笑いを堪えている鈴木君。

「世の中には、こんなにタイミングの悪い人もいるんですね。一昨日《おととい》までは、山のように在庫があったのに。ある意味、奇跡ですよね」

落ち込む僕を憐れに思ったのか、鈴木君はこう続けました。

「でも、男と男の約束には応えなくちゃいけません。工場のラインがいつ復活するかわかりませんが……これを持っていってください」

そしてレジから本物のアタリ棒を取り出し、そっと僕に握らせてくれたのです。

「これがあれば、日本中どこでも、ガリガリ君と交換してもらえるはずです」

彼は僕の茶番劇に応えて、自腹を切って、本物のアタリ棒をくれたのです。

陣内智則君の思いつきで始まったこのミッションですが、奇跡の巡り合いでなんとか達成することができました。

結論。今回のテーマ、ガリガリ君でアタリを出す方法は——**「陽気なフィリピーナ、サラ・ゴメスになること」**です。

そして最後に、このサラ・ゴメスのキャラクターは、後輩芸人・さちまるのパクリであることを告白して、今回のネタを終わります……。

青森県・青森市

「ドリフのもしもシリーズ」のような居酒屋の話

青森には本町《ほんちょう》という繁華街があります。青森駅から徒歩で15分ほどのところにあり、公共の施設もあれば、飲食店や居酒屋、キャバクラ……さらに、僕の大好きな風俗のお店などが、ギュッと集まっています。東京でいうなら、歌舞伎町でしょうか。

そんな賑やかで派手な本町のど真ん中に、一見すると廃屋にしか思えない、ボロボロの居酒屋さんがあります。まさに、「ドリフターズのもしもシリーズ」に出てきそうな……中年以上の方でないとわからないたとえかもしれませんが。

まず目に飛び込んでくるのは、大きく割れたガラスの引き戸。その割れたガラスにはガムテープで一面目張りがされてあって、引き戸とはいうものの、戸を滑らせるはずのレールが、途中から引きちぎられています。

店の名前は「五鉄《ごてつ》」といいます。

想像を絶するボロさですが、どうやら営業はしているようです。普通とは違った意味で、敷居が高い。一見《いちげん》さんはなかなか、暖簾をくぐれそうにありません。

だからこそ気になって仕方がない……。

意を決してお店に入ることにしました。

しかし、この入り口の引き戸がなかなか開かない。レールが引きちぎられているので、滑りが悪いんです。えらいことやなあと思いながら、力任せにズルズルと引きずって無理やり開け、中を覗いてみます。

店内の照明は、裸電球だけ。さらに戸棚の片隅に置かれているのは小さな旧型トランジスタージオ。そこから途切れ途切れに聞こえるパーソナリティーの声が哀愁を誘います。

「い、いらっしゃいませ～」

し、志村けんや！　出てきたお婆ちゃんをそう錯覚してしまうほど、店の雰囲気が「もしもシリーズ」のセットそのままなんです。

ホンマにこんな店あんのや……と思いながら、周りをよく見渡してみると、そこかしこに生活感溢れる私物が出しっぱなし。奥の座敷らしき畳部屋も、片づけてない荷物で足の踏み場もありません。

唯一、客席と呼べるのはカウンターなのですが……その上を猫が自由に闊歩している。そんなカオス状態なのです。

客は僕一人。遠慮がちに腰を下ろすと、おしぼりを用意してくれたのですが、そのシステムがまたすごい。

　タオルをパパッと水道水で湿らせると、電子レンジに放り込んでチン！　温め終わったおしぼりを掴んだお婆さん、よっぽど熱かったのか、

「熱《あつ》、熱、熱ッ！」

　と、客である僕に向かって放り投げたのです。使い古されたコントのようです。

「何飲む？」

　客への粗相を詫びるでもなく、平然と注文を取る老女将《おかみ》。

「僕、お酒が飲めないんです。ソフトドリンクは何がありますか？」

「そんなの、うちにはないの――しょうがない、お茶でも飲んどく？」

　どこから引っ張り出してきたのか、薄汚れた急須にお茶っ葉を放り込んで湯を入れたはいい

廃屋ではありません。青森の居酒屋「五鉄」です。

が、急須の蓋がどこを捜しても見つからない。

やがて捜すのを諦めた老女将、蓋代わりに近くにあった小皿を急須の上に載せました。

でもこぼれないように小皿を上から押さえて注ぐものだから、また「熱、熱、熱ッ！」と、
まったく落ち着きがない……。

やっとの思いで淹《い》れていただいたお茶を口に運びつつ、突き出しの準備をする女将さんに
話しかけてみます。

「このお店、一人でやってはるんですか？」

「今はね。10年前まで夫婦でやっていたんだけど……家出したのよ、旦那」

一人で10年も続いてるんや……このボロさで。

「わざわざ家出したのに、追っかけたら可哀想だと思って」

一見さんの僕に、聞いてもいない夫婦の内情まであけっぴろげに話してくれるのなら、
少々失礼なことを聞いても平気かもしれません。

気になっていたガムテープで応急処置したガラス戸と、その引き戸のレールが途中から引
きちぎられている理由を聞いてみました。

「ああ、あれ。**どこからか犬が飛び込んできて、ガラスをぶち割ったのよ**」

はあ？　そんなん普通あります？　そしてガラスを割った犬が、敷いてあったレールまで

食いちぎったのだそうです。

でも、この女将さん、すごいなと思いました。店を壊したこの迷い犬に、餌まで与えて保護してあげてるんです。

「レールを食いちぎるなんて、よっぽどお腹が空いてるのかなって」

いや、そういうことじゃないと思うんですけど。

「食べるものがない時代を生きてきた私たちのような年寄りはね、空腹の辛さを誰よりも知ってるからねえ」

ちょっといい話になってきました……。そして、この人、正義感もあるんです。

犬の不始末は飼い主の責任だと考えた女将さん。迷い犬の世話をしながら、八方手を尽くして飼い主を捜し始めます。そして、とうとう見つけ出したのです！

「ある筋を使《つこ》うてね」

いや、どの筋や！

さっそく電話をかけて、犬を迎えに来るよう飼い主に伝えると、自分の犬をさんざん馬鹿呼ばわりした上に、迎えに来ようともしない。

「そんな犬もういりませんから、捨ててくれて結構です」

それを聞いた女将さん、ぶちキレました。

「愛してやりなさいよ！　自分たちが飼ってた犬なんだろッ、愛してやれよッ！　愛されないと犬だって寂しくなるんだよ……」

あまりの剣幕に、飼い主は慌てて犬を引き取りに来たそうです。

その心意気にウルウルっときた僕は、自然と自分の愚痴をこぼし始めていました。

黙って僕の話を聞いていた女将さん。20年以上下積み生活を続ける僕の姿が、どうやら腹を空かせてレールを食いちぎった犬の姿と重なったようです。

注文もしていないのに、

「イカのお刺身、切ったからどうぞ」

「みそ汁温めたから、飲んで」

「このおひたし……私のお昼の食べ残しだけど、食べて食べて」

いや、食べ残しかい！

そして湯呑みが空になると、小皿で蓋をした急須で、どんどんお茶を注いでくれるのです。

後で人に聞いてみると、この五鉄、根強いファンがいっぱいいるそうです。

僕の勝手な考えかもしれませんが、お酒を飲むのが目的のお客さんは、少ないんじゃないでしょうか。みんなこの女将さんに会うために、通っているに違いない……。

ワハハ本舗の社長、喰始が酔っぱらってよくこう言います。

「芸人はね、ネタうんぬんじゃないんですよ。人間を売るんですよ」

ここ青森の、廃屋のようなボロ家で一人、人間力で商売をしている人がいる。ああ、人間を売るってこういうことなんだ――。

目いっぱいのおもてなしを受けて、さあ支払いを済まそうとすると……。

「500円じゃね」

いやいや、刺身、唐揚げ、酢の物、お新香、その上、愚痴まで聞いてもらって腹いっぱい、胸いっぱいにしてもらったのに、500円は安すぎます。

正規の値段を払おうとしても、

「いやいや、私が勝手に出したの。残り物を始末してもらっただけだから」

と言って、受け取ってくれません。

「お茶代の500円、それだけはもらうけど」

いやそこは意外に高いな！　あの小皿の盞で淹れたお茶……。

そう心でツッコミを入れながら、お言葉に甘えてお会計を済ませました。

頭を下げて帰ろうとする僕に、女将さんが尋ねます。

「これからどこへ行くの？」

「今夜、青森を発《た》って、山形に向かいます」

「山形もまだ寒いだろうね……。これ、ババアの匂いがこびりついてて嫌じゃろうけど」

そう言って、真っ白な毛糸のマフラーを、僕の首にグルグル巻いてくれたのです……。

僕も、思わずぐっときてしまいました。

「必ず出世払いしに来るから、それまで長生きしてや」

女将さんは、笑みを浮かべて言いました。

「そうね。長生きする……なるべく」

ガクッ！

そして北の寒空の下、店の外に立ったまま、僕が曲がり角で姿を消すまで、ずっと手を振ってくれていました。

芸人としては決して、恵まれた人生だとは思えません。でも、僕は人との出会いには恵まれている気がする。

気がつくと僕は号泣していました。ええ出会いやったなあ。感傷に浸りながら帰途についたのですが――そこはやっぱり繁華街。ボロボロ泣いている僕の横に、一人の黒服の兄ちゃんがすっと近寄ってきました。

「お兄さん、おっぱいパブいかがですか。おっぱいいっぱい、おっぱいいっぱい！」

その時、僕の頭をよぎったのは、いかりや長介さんの名台詞でした。

「ダメだこりゃ！」

ショート・ミッション④　愛知県・豊田市

冷やしシャンプー始めました

ある猛暑の昼下がり。

僕は、愛知県豊田市の某駅に降り立ちました。目に飛び込んできたのは、赤・白・青のクルクル回るサインポールと、看板に屋号のない、謎の理髪店。

名なしの理髪店？

近づくと、空白だと思っていた看板には、風雨に晒されうっすらと消えかかった屋号がありました。よーく目を凝らして見ると、エ……ン…ゼ……ルと書いてあるようです。

「理髪店エンゼル」

長年放置された看板もさることながら、外観もなかなかの風情を醸し出しています。そう、つまりボロなんです。

ただ、古いだけの理髪店ならどこにでもあります。それよりも目に入ったのが、看板よりも立派な、一本の幟《のぼり》でした。

「冷やしシャンプー始めました」

今では都内でも時々、見るようになりましたが、この取材は今から5年前のことなんです。

僕は、初めて見た看板にネタの匂いを感じて、エンゼルに飛び込みました。メニューを確認する必要はありません。注文はただ一つ！

「冷やしシャンプー、一人前！」

要は、清涼感のあるメントールのシャンプーを冷蔵庫でキンキンに冷やして、お客の頭を洗うだけのこと。ご丁寧に、シャンプーで冷えた髪を、お湯を使わず冷水で濯《すす》いでくれます。ただ、前日ボクシングの試合を戦ったかのような腫れぼったい目をしたおばさん理髪師であっても、女性に髪を弄《いじ》られるのはそれなりの快感があるもので……。

「あ、ああッ……ふぅぅ」

しかし今回は、お母さんのハンドテクニック

看板にうっすら「エンゼル」とあるのが読めますか？

に屈したわけではありません。

キンキンに冷えたメントールシャンプー、冷水での濯ぎ。汗が一気に引っ込む、夏には究極の爽快感を味わえるそのサービスに、思わず変な声が漏れただけです。

屋号が風雨に晒され消えるほど、年季の入ったこの外観。どうやら、女主人が一人で切り盛りしているようです。これは、叩けば埃《ほこり》が出るかもしれない……。

気さくなお母さんの雰囲気に甘え、快楽を味わいながら「冷やしシャンプー始めました」の幟のことや、お店の歴史を尋ねてみました。

この冷やしシャンプーの発祥の地は、山形の「メンズサロンヘアリズム」だという説が有力なんですが、他にも新潟発祥説もあります。各地で広がりを見せ、炭酸水を使ったり、頭に載せたかき氷にシロップのようにシャンプーを回しかけるなど、各店舗で独自のサービスが開発されていきました。

テレビで紹介されたり、新聞に載ったことで、理髪店を回るシャンプー・整髪料の納品業者が販売拡大を目論《もくろ》み、今や全国区の人気となったのです。

今では夏の風物詩ともいえる「冷やしシャンプー始めました」のキャッチフレーズは、商標登録されています。

さて、創業40年の理髪店エンゼルのお母さん。看板の修理を後回しにして、なんとか、一人で頑張ってきたそうです。

「一人でやっていると、お客さんを待たせたりして、気を使うんやないですか？」

「はぁ？　気なんて使ったことないわよ。だって重なるほどお客が来たことないもの」

自ら経営難を告白したお母さん。

「でも、この不景気に40年も続くって、常連さんがついている証拠でしょ？」

「う～ん、昔から来てた人は、死んだなぁ～。だいたい死んだ。ほぼ死んだ」

「い、生き残っている人もいるでしょ？」

「そりゃ、いるけど――そんな人は、たいがいボケてるねぇ～」

今、エンゼルに通ってきているお客さんは、死んでなくて、ボケてもいない、関門をくぐり抜けた精鋭部隊なんだそうです。

旦那さんのことは詳しく話してくれませんでしたが、女手一つ、理髪師の技術で二人の子供を育て上げたそうです。

「私もそうだけど、死に物狂いで頑張ればなんとかなる」

絶妙な手つきで冷やしシャンプーを流しながら、売れない芸人の僕を励ましてくれました。

「本当に死に物狂いになったら、たいがいのことは克服できるから。身の上を嘆き愚痴る前に、自分には何が足りないのか考えた方がいい。頑張れば夢は叶う」

「そうですね、結婚もしたいし、家も持ちたい。今は貧乏アパートですけど、いつか一国一城の主《あるじ》になります！」

「その代わり、死に物狂いで頑張らないと。頑張れば、ひと山越えた向こうの土地ぐらいなら家が建つわよ」

「ひと山越えた向こうって？」

「最近合併して、ようやく豊田市の一部になったのよ。へんぴなところだけどお勧めよ」

「そうなんですね。僕も田園調布などと、贅沢は言いません。東京のどこか片隅でもいいから、夢の一軒家を建てたいっス」

滲んだ涙は、メントールシャンプーが目に沁みたからです——。

会ったこともない人の葬儀に参列した話

東京都・中野区

「死に様とは生き様です」

知り合いにご不幸が続いた喰始社長、ここひと月の間、何度も葬儀に参列して、そう感じたそうです。

「お葬式は、いわば人生最後のセレモニーです。それだけに、多種多様なドラマが凝縮されているものなんですよねぇ」

たしかに、お葬式にはいろんな人がやってきます。心から悲しんでいる人、人目もはばからずに号泣する人もいれば、義理を果たすためだけに参列する関係者もいるでしょう。その参列者の顔ぶれや、お葬式の雰囲気を見れば、故人がそれまでにどんな人生を歩んできたか、わかるといっても過言ではないかもしれません。

「コラアゲン、今度はお葬式に行ってきなさい……**知らない人の**」

「はあ？」

「縁もゆかりもない人のお葬式に行って、お焼香をして手を合わせたら、どんなことが起こり、何を感じるのか……興味が湧きませんか？」

何を不謹慎なこと、さらっと言うとるんや、このオッサン。唖然とする僕に、喰さんは真顔でこう釘を刺しました。

「ただし、人の死を笑いものにすることは許しません。真面目にやるんですよ」


しかし、呼ばれてもいない、知らない人のお葬式に参列するといっても、とっかかりがありません。まずは葬儀屋さんに相談してみることにしました。なるべく親切そうな名前の葬儀屋さんを、タウンページから探し出します。

初めは丁寧に応対してくれていたのですが、こちらの相談内容を聞くうちに、明らかに態度が変わってきました。当たり前の話なのですが、ここで見放されたら後がない。

コラアゲンはいごうまん、ふざけた名前ですけれども、真面目にお葬式の取材をしたいんだ、そう訴え続けました。

かろうじて熱意だけは、先方に伝わったようで、電話の向こうの葬儀屋さんが、いきなり声のトーンを落として、こう言いました。

「たとえばですね……こぢんまりとした斎場ですと、席数も限られておりますし、コラアゲンさんのように関係のない人が参列するのは難しいのではないかと思われます」

その後の沈黙で、葬儀屋さんが新たな情報を出そうか、出すまいか迷っているのが手に取るようにわかります。

「で？」

「……葬儀屋の立場でこんなことを申し上げるのもどうかと思いますが……○○寺とか、△△寺などは、社葬クラスの大きな葬儀を執り行っておりますから……当然参列者も多くいらっしゃいますので……その、コラアゲンさんのご希望に添えるのではないかと……」

「なるほど！」

貴重な情報にお礼を述べて電話を切ろうとすると、受話器の向こうから蚊の鳴くような声が聞こえてきました。

「コラアゲンさん、ここだけの話ということでお願いします……」

すぐさま、立派な伽藍《がらん》が僕とは不釣り合いな、○○寺へと足を運びました。するとなんと当日の夜、さっそくお通夜が営まれることがわかりました。

ここで重要なことに気がつきました。

「そういえば……喪服がない！」

誰かに借りようにも、ワハハ本舗の芸人仲間で喪服を持っている奴など、いるはずもありません。

こんな時は、石黒君に頼るしかない。石黒君は、レンタルビデオ店のアルバイト仲間です。頼んでみると、親切にも真新しい喪服をわざわざ家に帰って、持ってきてくれました。

「数珠と香典袋は、自分で用意してくださいね」

危うく手ぶらで行くところだった……。若いのにしっかり者の石黒君のおかげで数珠と香典袋はなんとか用意しました。

さて、いくら包めばいいものか？　香典の相場がまったくわかりません。書店に駆け込み、冠婚葬祭のマナー本を立ち読みすると、こう書いてありました。

「香典は故人に対する思いです」

困った……。〝故人に対する思い〟と言われても、故人がどこの誰かも知らないのです。取材の謝礼代わりといっては不謹慎かもしれませんが、とりあえず財布と相談して、1000円だけ包ませていただきました。

日もとっぷりと暮れた頃、借り物感丸出しの喪服の内ポケットに香典袋をねじ込んで、○○寺へと向かいました。

お寺に到着したはいいものの、恐怖感からか、集まった喪服姿の人々が全員僕を見ている気がしてきます。完全アウェイの環境の中（当たり前や）、緊張しながら、受付の男性に香典袋を手渡しました。

「ご記帳をお願いいたします」

ここまでは、想定内。これだけの参列者の中、赤の他人の僕の名前が一行増えたぐらいで気づかれる心配はないでしょう。

●名前、森田嘉宏

●住所、東京都杉並区○○××

リズムよく走っていたペン先が、次の欄でピタリと止まりました。

勤め先！　これは想定外や……。受付の男性が硬直した僕の手をジーッと見つめています。怪しまれるッ！　何か書かないと、ここで止まったらあかん！

全身から汗がブァッと噴き出してきました。適当な会社名を書き込もうと思っても、とっさのことで、何も浮かびません。

もう、真実を書くしかない。その上で問い詰められたら、その時はその時――。永遠にも感じた数秒後、正直にこう書きました。

●勤め先、ワハハ本舗

……絶対に読み取れないであろう汚い文字で。

一つの難関は越えました。しかし記入欄はこれで終わりではなかった……。

最後に僕の前に立ちふさがったのが、「故人との間柄」という項目。会社、町内、友人、その他、の中から選択して〇で囲む形式になっています。

当然僕は、「その他」に該当します。〇を書こうとして視線を先に移すと、またもやペンが止まりました。「その他」の後ろに、故人との関係を詳しく書く（　）欄が控えているのが見えたのです。これはまずい……。

バカ正直に「ネタ取材」とは死んでも書けません。故人に心の中で謝りながら、「友人」の欄を〇で囲ませていただきました。

大きなお寺で営まれているお葬式だけあって、参列者の数も半端ではありません。すでに本堂では焼香が始まっていました。どきどきしながら列の後方に並びます。

長い列も少しずつ短くなり、焼香台の両側に立たれている遺族らしき方々のそばに、じりじりと近づいていきます。弔問客一人一人に、悲しみをたたえ丁寧に挨拶する遺族の方々……。そこへ近づく赤の他人の僕……。緊張感がMAXに達した頃、とうとう、僕の番がやってきました。

「ご愁傷様です」

後ろめたさを押し殺しながら、なんとか焼香を済ませて、祭壇を後にしました。正直、お香の匂いも覚えていません。

はあ、これでやっと帰れるのか……。いや、このまま帰っていいのか？　喰始社長の言葉が脳裏に甦《よみがえ》ります。

(縁もゆかりもない人のお葬式に行って、お焼香をして手を合わせたら、どんなことが起こり、何を感じるのか……)

そんな時、近くにいた葬儀屋のスタッフらしき方から声をかけられました。

「控室の2階におもてなしの席を用意しておりますので、どうぞ故人の供養だと思ってお上がりください」

このまま帰ったら、喰さんから大目玉を食らうことは間違いない……。覚悟を決め、階段を上りました。

立派な祭壇から想像していた通り、大広間は100人を超える参列者で埋まっていました。すでにでき上がっている雰囲気のテーブルも、ちらほら見受けられます。

「お一人ですか？　どうぞこちらへ」

案内されたテーブルは、皆さんお知り合いのようで、どこの誰だ？　という視線が突き刺さります。いつ化けの皮が剝がれるか気が気じゃなく、勧められるがまま、目の前の寿司をつまんでも、まったく味がわかりません。

故人の思い出話をなんとか仕入れようと聞き耳を立てても、それらしい話は一向に出てきません。聞こえてくるのは、仕事の愚痴やゴルフの自慢話、つまらないダジャレ……。

　このままではいつまで経っても帰れません。故人のことを少しでも聞き出さなければ……。隣のおじさんのコップが空いたのを見計らって、ビール瓶を摑みました。

「お注《つ》ぎします」

「ああ、すみませんね」

「じつは私、上司の代理で本日伺っておりまして、故人をあまり存じ上げておりません。どういうことをされてきた方なんですか？」

　心にやましいことがあると、つい標準語になってしまうんです。するとおじさん、まずは返杯のビールを注ごうとしてくれました。

「まあまあどうぞ」

「これから社に戻って仕事の続きが……」

　そう言い訳して断りましたが、僕、下戸なんです。

「仕事を抜け出してまで参列に……ご苦労様です。私たち、みんな仕事関係です。故人は看板屋さんでした。看板業界は横の繋がりが非常に強いんです」

　看板屋さん！　やっと、一つ情報が手に入りました。

「どうして亡くなられたのですか？」

「お酒、好きだったからなあ……。詳しいことは知りませんが、癌だと聞いてます」

上手く会話の糸口が見つかった。そうホッとした瞬間、おじさんが言いました。

「で、代理ってどちらの？」

会話中の沈黙は危険です。脳をフル回転させ、即答しなければなりません。

故人が看板屋さんだったという情報からなんとか、返事を捻り出しました。

「こ、広告関係ですっ」

すると、おじさんは、小首を傾《かし》げました。

「広告関係？」

しもた！　地雷を踏んでもうた！　土下座してでも謝るしかない……と思った瞬間、おじさんが思い出したように言いました。

「ああ、そういえば言ってたなあ、不景気で広告の方にも手を伸ばしているって。そうですか～広告関係ですか～」

ふう……。首の皮一枚繋がりました。

心臓がどくどくと血液を送り出すのが、自分でもわかります。これ以上この場にいたら、心臓が壊れてしまう。今日の取材はもう無理だ！

僕は逃げるように、ボロアパートに帰りました。

少し冷静さを取り戻してみると、別れ際におじさんと交わした会話が、妙に心に引っかかりました。

「これだけ大勢の方がお越しになるというのは、やっぱり故人のお人柄なのでしょうね」

僕がそう尋ねると、

「まぁ、それもありますが……この業界、いろんなところで繋がってますから」

おじさんはそう言うといきなり席を立ち、ビール瓶を手に姿を消しました。

どうも、このお葬式は仕事の匂いがする……。

僕が語りたいのは、こんなお葬式じゃない！

（コラアゲンさんのように関係のない人が参列するのは難しいのではないかと思われます）

電話口でこっそり教えてくれた、葬儀屋さんの言葉の中に、本質がある。

たしかに小さな斎場で取材したら、僕の正体がバレるリスクは高い。参列者は親しい身内ばかりなのだから、当たり前だ。しかし、そこに飛び込まずして、本当の故人の姿に触れることはできないのではないか。

僕はボロアパートを出て、すぐ近くにある小さな斎場に向かいました。

□□斎場は本当に小さなところで、その日営まれていたお通夜の参列者は、わずか６人。

○○寺の時はあれだけ並んだご焼香も、今回はどきどきする間もなく、あっという間に順番が回ってきました。

その後、別室に席を設けてあるとのことで、僕を含めた参列者7人で一斉に移動し、二つのテーブルに分かれて座ることになりました。

一緒のテーブルに座ったのは、50代後半、田村高廣似のシブいおじさんと、真面目を絵に描いたようなご年配の女性。僕はもちろんですが、どうやらこの二人も初対面のようで、まったく会話がありません。気詰まりな空気を読んでか、女性がおじさんに切り出しました。

「あの〜故人とはどのようなご関係ですか？」

「ああ、病院でベッドが隣同士だったもんで」

「あら、そうなんですか。私は町内会の会長をさせていただいてます」

来た！　次は僕の番だ。やましい人間ほど、饒舌になるといいます。聞かれる前に答えてしまおうと、僕の方から素性を隠して、話し始めました。

「僕は代理の者で、故人をよく知らないのですが、どのような方だったのですか？」

「そうだね、苦労人でねえ……。でも、いい人だったよ」

おじさんの笑顔から、なんとなく故人の人となりが僕にも伝わってきます。

「でも、頑固でしたわねぇ〜、とんでもなく。そうじゃありません？」

「そうそう、そういうところ、あったなぁ〜」

おじさんが同調してくれたのをいいことに、町内会の会長が勢いづきました。

故人のみならず、その弟さん、さらには弟さんの奥さんにまで話が飛び火し、話の内容が、
複雑かつディープな展開になっていきます。

何が何やらチンプンカンプンですが、なんとか溶け込まなければ……。そう思って、再び
故人の頑固者話になった時、口を挟んでみました。

「でも、お父さんもいつかは頑固な自分に気づく日が来るんじゃないですかね」

すると、町内会の会長さんの表情が凍りつきました。

「気づくって……昨日亡くなったじゃないですか」

しまった！　そりゃそうだ。

その会長さん、それからは、もう疑いの目一色で僕のことを見てきます。また、気まずい
空気に変わってしまい、僕は針のむしろです。

そこへ、どうやら会長さんの友達らしき女性三人組がやってきました。類は友を呼ぶとは
このことです。同じような雰囲気の堅そうな人たちが、会長さんと挨拶を交わし始めました。

これで、気まずい空気も和らぐかと思いきや……。

「こちらの方は、病院でご一緒だった方ですって」

同じテーブルのおじさんの紹介はするのに、僕にはいっさい触れません。三人組の友達も、チラチラ僕を見るのですが、漂う不穏な空気を察して、僕を完全に無視。会長さんを含めて、ぺちゃくちゃ世間話が始まりました。

すると、隣のおじさんが席を立ちました。

「仕事があるので、お先に失礼します。中野の方でラーメン屋をやっているもんで」

これはチャンス！　もしかしたら、僕が帰るきっかけを作ってくれたのかもしれない。

「ぼ、僕も帰ります」

逃げるようにしてその場を離れた僕の耳に、容赦なくおばさんたちの会話が聞こえてきました。

「代理で来たって言ってたけど、いったい誰だったんでしょうねぇ……」

先に席を立ったおじさんを追いかけて、一か八かの大博打に出ることにしました。

故人のことを「いい人だったよ」と振り返った時に見せた、あの優しい笑顔だけが頼りでした。

「すんません！　すんません！　嘘ですねん。ホンマ、ものすごい嘘をつきました。僕は代理でも何でもないんです。じつは芸人で、故人とは何の関係もありません。ネタ探しに、罰あたりは承知で、見ず知らずの方のお通夜に顔を出しました」

するると、おじさんの優しい顔が、みるみる険しくなりました。

「なんだ、お前、本当に爺さんのこと、何にも知らねえのか」

「はい、何にも知りません、すみません！　その上で、こんなお願いもどうかと思うのですが、もしもお時間がいただけるなら、故人のことを教えていただけませんか」

最後の綱にすがる思いで、一生懸命お願いしました。

「お前、名刺持ってるか？」

リュックの中から引っ張り出した皺くちゃの名刺には、僕のふざけた名前が印刷されています。

「コラアゲン？　何だコラアゲンって！」

「げ、芸名です。ほ、本名は森田嘉宏といいます！」

おじさんの目は、明らかに僕を疑っています。

「本当です。森田です」

必死に弁解しているうちに、いつの間にか全身が汗まみれになっていました。思わず喪服の上着を脱いだのですが、ここで、僕の天性の間の悪さが顔を出します。おじさんの視線の先に、胸の内ポケットの「石黒」という名前の刺繍が――。

「おい、石黒って書いてあるじゃねえか！　お前、本当は誰なんだ！」

　パニックです。説明しようにも、怒りに震えるおじさんを前にテンパってしまって、プロの芸人なのに上手く喋れない。

「ああっ、こ、これは……中身は森田ですが、そ、外側はバイトの石黒君で……いや、喪服は石黒君のもので、コラアゲンは僕で、僕も森田で……ち、違う……」

　それでもおじさんの理解力が優れていたのか、一生懸命説明したら、なんとか怒りは収まりました。

「なんだお前、勉強のために今日来たのか？」

　僕はうなだれながら、頷きました。

「香典は包んだのか？」

「はい、気持ちだけ……1000円ですけど」

「話を聞きたいっていったってお前――これから店に戻んなくちゃならねえからなあ」

「お邪魔は覚悟でお願いします！　お店まで、お供させてください！」

「でも、営業中だからさぁ、じっくり話なんてしてらんねえよ」

「手が空くまで、待たせていただきます！」

　押し問答の末、なんとか中野に向かうタクシーに同乗させてもらえました。

小さくなっている僕を憐れに思ってか、ラーメン屋を経営しているという親父さん、やたらと話しかけてくれます。

「でもお葬式がテーマって、お前んとこの社長、変わってるなぁ……そうだ、もし俺が墓建てるとしたら、ほれ、声で反応するってやつ、あれがいいな。墓参りしてくれた人に『どうもありがとう』なんて言ったりしてさ。なっ、面白いと思わねえか？」

そんな話をしているうちに、タクシーはラーメン屋さんに到着しました。

「なんかまた、わけのわかんないの連れてきちゃったよ」

暖簾をくぐると、いかにもラーメン屋の女将さんという雰囲気のお母さんが、笑顔で迎え入れてくれました。

「そう、芸人さんなの。ごめんなさいね……私、テレビってよくわからないもんだから、あなたのこと知らなくって、ホントごめんなさい」

「いやいや僕、有名じゃないんで……テレビにもほとんど出たことないんです」

穴があったら入りたい……。カウンターに腰掛けながら、かえって申し訳ない気持ちでいっぱいになってしまいました。

無理に頼んでここまでついてきたのは、見ず知らずの故人のことを聞き出すためです。でもそれよりも、もっと知りたいことがあるのに気づきました。不謹慎なことをした僕に、な

幻冬舎時代小説文庫フェア

最新刊

表示の価格はすべて本体価格です。

©marco&marco　2019.06

飛猿彦次人情噺

恋女房

鳥羽　亮

新シリーズ、始動！
江戸で噂の怪盗は極悪人!?

しがない屋根葺き・彦次の正体は、風変わりな盗みの手口が巷で話題の怪盗「飛猿」。彦次の正体をただ一人知る老剣客・玄沢と、濡れ衣を着せられた残虐な強盗殺人の下手人を探し始めるが……。傑作時代小説、第一弾！

書き下ろし

580円

墨の香

梶よう子

女流書家の凛とした筆が、弟子たちの心をほぐしていく。

突然、嫁ぎ先から離縁された女流書家の雪江は、心機一転、筆法指南所（書道教室）を始める。そんなある日、元夫の章一郎が事件に巻き込まれたことを知り――。江戸時代の「書家」を描いた感動作。

730円

追われもの三

標的

金子成人

執念の兄捜しで見えてきたのは江戸の闇――。

嫁と情夫に家業を潰されて以来、行方知れずとなった兄・佐市郎を救うため、島抜けを果たした丹次。懐かしい兄の絵に似た忘れ草の刷り物を見つけたことで丹次に光明が差す。人気シリーズ、急展開の第三弾！

書き下ろし

600円

若旦那隠密4

門出

佐々木裕一

表の顔は大店の若旦那。裏の顔は公儀隠密。塩の買付のため四国高松に向け出帆した藤次郎だったが、将軍の密命を察した刺客が幾度も現れ、更に身内の裏切りも発覚。伝来の必殺剣が唸る大人気シリーズ、堂々完結。

書き下ろし

600円

ぜ故人の話を聞かせてやろうと思ったのか。なぜ、怒りを鎮めて店にまで連れてきてくれたのか。

　僕の関心は故人よりも、目の前でラーメンの仕込みをする親父さんに向いていたのです。

「正直、ど突き回されると思いました。なんで話をしてやろうって思ってくれはったんですか？」

　親父さん、調理の手を止めずに、答えてくれました。

「ええ奴だなぁって、思ったんだよ。売れてないって言ってたよな。金もねえのに、香典包んだんだろ。勉強熱心な野郎だなって、ちょっと感動したんだよ」

「でも、僕のやったことは決して褒められたことじゃないです」

「そうだな、褒める奴はいねえわな。――お前、焼香してたよな。その時にさあ、遺影に向かって、心の中で何て言ったんだ？」

「心からご冥福をお祈りします、と言いました」

「それで十分なんじゃねえか？　大事なのは心だろ。故人との関わりなんて関係ねえよ。おっ死《ち》んじまった人のために手を合わせる。心からお疲れ様でしたと言う。これが何よりの供養なんじゃねえか？　義理で来て、形だけ手を合わせて帰るより、よっぽど心がこもっているんじゃねえの。故人を知ってる者として、俺は嬉しかった――。ありがとよ」

すでに僕の涙腺は決壊していまして……涙と鼻水で、顔はグチャグチャです。

「で、今日の話はいつ放送するの？」

だから、テレビは出てないんですって！　女将さん、絶妙のタイミングで僕の神経を逆撫でしてくるんです。

「売れてないって言ったじゃないですか。でも水曜日に独演会があります。小さなところですけど」

「あっ、ごめんなさい。でも、独演会ができるんなら、いいじゃない」

「何、言ってるんですか。先月の月収４万円ですよ！」

女将さん、一瞬絶句した後、大爆笑しました。芸人のあるあるジョークだとでも思ったのでしょう。そんな女将さんをたしなめるように、ラーメンにチャーシューを盛りつけながら、親父さんが追い打ちをかけます。

「母ちゃん、わかってねえな。売れてねえ芸人ってのは、ハンパじゃねえんだ。大変なんだよ、売れてねえ芸人ってのは。可哀想なんだよ、売れねぇってのは……」

「そうなのかねぇ？」

「芸人なんてなかなか売れるもんじゃねえ、可哀想によぉ」

悪意のない夫婦の仕打ちに、涙もつい引っ込んでしまいました。

その反応を見てようやく気づいたのか、黙り込むご夫婦……。そんな気まずい空気の中、親父さんが僕の前に一杯のラーメンを差し出しました。

「ほれ、通夜の席じゃビビッて何にも喉を通らなかったんだろ。食ってけ」

乾いた涙がまた溢れ出しました。

「もうすぐ餃子も焼けっからよ」

ラーメンと餃子が涙、鼻水とともに空きっ腹に収まった頃——親父さんは故人との出会いについて、明かしてくれました。

「10年くらい前かなあ。寝ぼけて足を炬燵《こたつ》にぶつけちゃってさ。そしたら、足が妙な角度に曲がってやんの。元に戻そうと思って逆にパンパン叩いたら、複雑骨折しちゃってさ」

何してんねん、親父さん。それから2カ月の入院となり、隣のベッドにいたのが故人だったそうです。

そして、ここから親父さんのリハビリの苦労話が延々と続くのです……。

「店があるからさ、体を甘やかしちゃいけないと思って、普通なら2本使う松葉杖を1本にしてさあ」

いや、そろそろ故人の話の続きを……。

「骨を固定するボルトってあるだろ。あれ、並のやつなら、1年かかるんだよ、取り出すまでに。ところが、半年だよ。俺は半年でくっついちゃった。そういや、あのボルト、どこへしまったかなあ」

もう、今にも捜し出しそうな勢いです。

「いや、わざわざいいですよ」

押し止めようとしたのが気に障ったのか、親父さんの顔色が変わりました。

「お前、見たくないのかよ！」

「そ、そんなことありません」

また嘘をついてしまった……。

「たぶん2階にあると思う。捜しといてやるから、明日の夜にまた来いや」

「わかりました、じゃあ明日――って、故人の話は？」

「あのさ……正直言うと、俺もあんまりよく知らねえんだ」

吉本新喜劇なら全員ずっこけるところです。

ラーメンと餃子を食べ終わった僕は、忙しく働くご夫婦を見つめながら閉店まで居座り続けました。しかし結局、故人の話は聞けずじまいでした。

財布からお金を出そうとすると、親父さんの目の色が変わりました。

「何のつもりだ？」

「えっ、ラーメンと餃子の……」

「お前が注文したのか？　ラーメンと餃子。俺が食わしてやりてえと思ったから、俺が勝手に出したんだ。だから金はいらねえ！」

親父さんに泣かされるのは、もう3回目です。

「非常識と言われようが、芸のためなら、赤の他人の葬式に乗り込むぐらいの根性があるんだ。だから……頑張れよ。頑張れ。それだけでいい」

もう、声を抑えられませんでした。恥ずかしいけれど、号泣です。

「泣く奴があるかぁ〜。もう泣くなぁ〜。泣くなったら。俺こういうのに弱いんだよ〜」

親父さんももらい泣きしているんです。二人とも、通夜では流さなかった涙の大安売り。ラーメン丼《どんぶり》を挟んで男二人が号泣する姿は、決してカッコいいとはいえません。

「俺の店は、決して繁盛はしていない。金もない。でも、米ならいっくらでもある。お前、このあたりに住んでるんだろ。腹が減って飢え死にしそうな時は、いつでも来い！　俺が好きなもの食わせてやるから」

すると、女将さんが奥から出てきて、何かを握らせてくれた。

「あなたにも、早く福が来ますように」

見るとフクロウのキーホルダーが一つ。女将さんの手作りだそうです。

翌日、約束の午後8時を待って、再び中野のラーメン店を訪ねました。

「故人はなあ……一言で言えば、親父みたいって感じかなあ」

このラーメン屋の親父さん、2歳の時に父親が亡くなったそうで、写真も残っていないそうなのです。だから父親の顔も知りません。それで年の頃が死んだ父親に近い故人に親しみを感じて、病室で触れ合うたびに「お父さん」と呼んでいたそうです。

「自分の昔話をしている時に、ふとポロポロ涙を流して泣いたことがあったんだよ。それを見たら、ああいろいろあったんだな、苦労したのかなって」

これだ！　僕はこういう故人のエピソードが聞きたかったんです。しかし、もっと詳しく聞こうとすると、「それだけは勘弁してくれ」と言って、ふっと視線を逸《そ》らしてしまいました。

「病人ってのはさ、患ってるのは体じゃねえんだ。本当は心が弱っているんだ。その心の弱った病人を助けてあげられるのは医者じゃなくて、同じ境遇の病人なんだよ。故人は身内にも言わないことまで、俺に話してくれた。だからこれは俺だけの胸にしまって、このまま墓場まで持っていこうと思ってんだ」

もう、十分だと思いました。いい話になりそうな予感もある。これで取材を終わってもいい――そう安心したのもつかの間、次の親父さんの一言に僕は凍りつきました。

「なあ、俺は今日は店があって行けなかったんだけど、告別式には行ったのか？」

――しまった。ラーメン屋の親父さんに話を聞くことに気が行ってしまって、すっかり告別式のことを忘れてた！　焦った僕は、とっさに口から出まかせを言いました。

「あ、あの……えーっと……し、仕事で行けなかったんです」

それを聞いた親父さん、素直に喜んでくれました。

「行ってやりたかったなあ。店閉めりゃ良かったかなあ」

最悪です。これはアカン。こんなに良くしてくれる親父さんに、嘘はつけない。

「すんません！　僕、また嘘つきました。ホントは告別式のこと、すっかり忘れてました。仕事で行けなかったんじゃありません。すみません……」

じっと僕を見つめていた親父さん。やがて重い口を開きました。

「そうだよな。別に告別式は出なくてもいいよ。お前は取材で来ているんだから。でも一度、仕事だと言っときながら、嘘でしたってなんで言うんだよ。嘘なら嘘をつき通してくれよ。それを今になって、すみません、忘れてました？　なんだそれ」

親父さんの口調は落ち着いていましたが、怒鳴られるよりこたえました。

「俺さ、退院した後も店が休みの時は、近くを通るたび爺さんの家を訪ねてたんだ。ちらっとでも顔を見せると喜んでくれたからだよ。お前、今、俺のことを少しでも思いやったか？　人が見りゃ、正直でいい奴だと思うかもしれない。謝るのも勇気がいっただろうよ。でもそれは嘘が後ろめたかっただけだろ。俺のことを考えたわけじゃない。

俺は昨日、本当に感動したんだ。コラアゲンって、いい奴だなぁと思った。爺さんも喜んでくれてるはずだ。でも、あれも嘘、これも嘘、嘘ばっかで——胡散くさくてしょうがねえや。何よりも、遺族に失礼だろ。そんな考え方してると、いつかお前が損するぞ」

僕は、謝る気力も言葉も出てきませんでした。良くしてもらった親父さんに、こんなに嫌な思いをさせてしまったという情けない気持ちでいっぱいで……。

ただただ、うなだれていると——親父さん、自分のポケットに手を突っ込んで、ごそごそ何かを取り出しました。

「ほら、これ」

「何ですか？」

「ボルトだよ」

人間って、面白い。あんなに怒っていた親父さんが、なぜこのタイミングで、足に入っていたボルトを出すのか？　約束は必ず守るとばかりに——。

本来なら爆笑するシーンですが、さすがにこの時は笑えませんでした。

僕はもうこの店には、二度と顔を出せない。「本当にすみませんでした」と一言言い残して、逃げるように店を出ようとすると、親父さんが、僕を呼び止めました。

「昨日通夜に行った時、傘を忘れてきたんだけど……。お前、□□斎場の近くに住んでるんだろ。――悪いけど取ってきてくれねえか？」

また、この店に来られる。親父さんは、こんな僕にまた助け船を出してくれたのです。

「安い傘一本で何を言いやがる、って思うかもしれないけどよ。あれは爺さんの見舞いに行くために買ったものでよ。なんていうか――思い出だから、捨てられねえんだ」

なんていい人なんだ――。僕を叱ったのも怒りからではなく、僕が損をする、と思ってくれたからなのかもしれません。

翌日、傘を持って店を訪ねると、親父さんは少しはにかみながら、待ってましたとばかりに喜んで迎えてくれました。

後で女将さんがこっそり教えてくれたのですが――。僕のライブが水曜日にあると知った親父さん、火曜日が定休日なのに、それを水曜日に振り替えてまで、ライブに行こうかと検討してくれていたそうなのです。

「馬鹿、行かねえよ、行くわけねえだろ！　そんな話、撤回だ、撤回」

照れながら必死に取り繕う親父さんの姿を見たら、もう、嬉しくて嬉しくて。

その数日後、豊橋での営業の帰りにお土産を持って、親父さんの店に立ち寄りました。親父さんは、僕の顔を見るなりニコーッと笑ってくれました。

「来たよ来たよ、売れねえ芸人が！　土産？　貧乏なくせになにカネ使ってんだよ〜。土産もらって、ただで帰すわけにいかねえじゃねえか。特丼どうだ？　特丼食ってくか？」

特丼は、このお店で一番高くて旨いメニューなんです。

「美味しいです」

「世辞言ってんじゃねえよ、この野郎」

口では悪態をつきながら、親父さんはこの上なく上機嫌でした。

この親父さんのところには、これからもちょくちょく顔を見せようと思っています。

＊

じつはこの話には後日談がありまして——。

石黒か？　森田か？　親父さんを混乱に陥れた石黒君の喪服ですが、じつはその後すぐに彼がバイトを辞めてしまったこともありまして、何年も返しそびれたままになっていました。

その石黒君が、ある日偶然、下北沢で開いた僕のライブに来てくれたのです。

しかもその日は、もともとこのお葬式のネタを話す予定だったので、小道具として石黒君の喪服を持ってきていたという偶然が重なり、長年借りたままになっていた喪服を石黒君に返せるという、信じられないような奇跡がありました。

人との巡り合いは本当に不思議なものです。

石川県・金沢市

食べ放題なのに、食べすぎると怒られるケーキ屋の話

石川県金沢市でのライブを控え、ご当地ネタを探していた時のことです。あるケーキ屋さんを調査する依頼を受けました。なんでもケーキバイキングのお店なのに、たくさん食べているとそのうちお店の人に怒られてしまうというのです。

「そこで、何個目までなら許されるのか、リサーチしてきてほしいんだけど」

「それって、つまり僕に怒られに行け、ということですよね？」

依頼者は、簡単な手書きの地図と「ノルマン」という店名を殴り書きしたメモを手渡しながら、薄笑いを浮かべていました。

指示されたお店は簡単に見つかったのですが――なぜか、目の前には県道に面してトリコロールカラーの同じ名前の店が、2軒並んで立っています。

隣同士で同じ名前？

「洋菓子の店ノルマン」と「喫茶ノルマン」。

店先に貼ってある手書きのポスターには、ケーキバイキングがワンドリンク付きで、13

00円、制限時間は1時間とあります。どうやら、ケーキバイキングをやっているお店は、左側の「喫茶ノルマン」のようです。さらにポスターには、「ケーキは最大12個まで」とある。

個数に制限のあるバイキングというのもあまり聞いたことがないですが、フードファイターでもない限り、甘ったるいケーキを12個も食べる人はいないでしょう。

さっそく「喫茶ノルマン」に入店し、お姉さんにケーキバイキングを注文すると、平然とした表情でおもむろにトレーを渡されました。

じつは、ここのバイキングはちょっと変わっていて、トレーを持ったまま、いったん「喫茶ノルマン」を出て、そのまま車の行き交う通りを歩いて隣の「洋菓子の店ノルマン」に入店。

そこでケーキをオーダーし、ケーキの載ったト

一番左が「喫茶ノルマン」でその隣が「洋菓子の店ノルマン」。

レーを手に「喫茶ノルマン」に戻ってきて食べるシステムだったのです。ショーケースに並ぶケーキを見て驚きました。バイキングと聞いて、デザートで出てくるような小ぶりのケーキを予想していたのですが、しっかりした普通のケーキなのです。まず前菜として、定番のイチゴのショートケーキ、モンブラン、ショコラケーキ、チーズケーキ、さらにティラミスをオーダー。初回で一気に5個と、勝負をかけてみました。ショーケースの奥から顔を見せたお母さんを見て、どこかで会ったような錯覚を起こしました。それもそのはず、事務所の先輩、柴田理恵さんにそっくりなんです。

「はーい、いっぱい、食べてね〜」

お母さんが、にこやかにケーキをショーケースから取り出してくれます。渡されたトレーに載せられたケーキは、彩りも考えられて美しく盛りつけられています。さっそく、トレーを持ってケーキ屋の店外へ。扉の向こうは往来です。ご近所さんもいれば、車だってブンブン走ってます。そんな中、ケーキを盛ったトレーを手に隣の喫茶店まで歩いて戻るこのシュールな光景……。

居候、三杯目にはそっと出し。料金は払っているのにこんな辱めを受けるとは。逃げ込むように、「喫茶ノルマン」に戻って、席に着きました。

ゆっくり味わっている暇はありません。制限時間は1時間。早く6個目、7個目のケーキを頼まなければ……。一口頬張ってみると――旨い！　急いで食べるのがもったいないくらいです。

最初の5個をものの10分で平らげた僕は、再びトレーを持って、店外へ出ます。次に注文したのは、箱舟の形をしたメロンのノアケーキ、プリンクレープ、初めて口にするフロマージュブランとタルトフロマージュ、そしてプリン・アラモード。

ケーキを手渡すお母さんの機嫌は、すこぶる良好です。

「この店を始めて40年になるのよ～」

同じ名前のお店が2軒並んでいる理由も、にこやかに語ってくれました。

「隣の喫茶店は、私の息子夫婦が経営しているの」

早く戻って食べなければ……僕は少し焦りながらも、トレーを抱えたままお母さんのよもやま話を聞きました。

そして、「喫茶ノルマン」でトータル10個目のケーキを胃袋に詰め込み終わった僕は、三たび、トレーを手にお母さんの前に立ちました。

「う、宇治抹茶のロールケーキと……」

11個目のケーキをオーダーし、もう一つ頼もうかと、視線をショーケースの向こうにいるお母さんに移すと――。

なんと、これまでの笑顔とは打って変わって、そっぽを向いて聞こえないふりをしているような……。

「お母さん、抹茶のロールケーキと、初めに食べたモンブランをもう一つ……」

仏頂面のお母さん、一言も発せず、ケーキを乱暴にトレーに載せました。これは間違いない！

「お母さん……もしかして、今、気分を害されてるんじゃないんですか？」

作り笑顔でもいい。できれば、きっぱり否定する言葉が僕は聞きたかった。でも、お母さんの顔に微笑みは戻りませんでした。

「イラッときた！」

ここか！　天下分け目はここだったのだ。

「もう、何個食べるのよって……イラッときた！」

結論。宇治抹茶のロールケーキを頼んだ11個目が、お母さんの我慢の限界でした。

しかし、わざわざ上限12個と決めているのに、なぜ11個目でお母さんはキレてしまうのか。

僕はその理由が知りたくなりました。

「あなたたち、ゆっくり味わいもせず、ドンドン食べるけど……。このケーキ、朝何時から仕込んでると思ってるの？　味の品質を落とさないように、一つ一つ愛情込めて作っているのに。それを次から次へと、欲望のままに要求してくるから……イラッとくる」

「いやいや、お母さん、それがバイキングでしょ？」

「そもそも、私、バイキングが大嫌い！」

「ええっ……」

どうやら、ケーキバイキングは、隣で喫茶店を営む息子さんの発案だったそうです。でも根っからのケーキ職人であるお母さんは、こだわりの手作りケーキを薄利多売で売ることに納得していないようで——。それでも、「喫茶ノルマン」の売り上げに貢献できればと、仕方なしに続けていたのです。

たしかに、店では300円で売っているケーキを、1300円で食べ放題にするのは苦渋の選択だったに違いない。

「これまで、お母さんを一番イラッとさせた客って、どんな人でした？」

なんでも、上限12個のルールを作るきっかけになった若者がいたらしい。その人は、毎日店に現れては、ケーキバイキングを頼み、毎回20個以上食べていくのだそうです。

そんなある日、たまりかねたお母さんが提案しました。

「ちょっと、アンタ……毎日来てくれるのはありがたいんだけど、毎回、20個、25個と食べていかれると、ウチの店は採算が取れないの。このままでは、アンタが大好きだって言ってくれるノルマンが潰れてしまう――。共存共栄のため、お互い歩み寄って……12個で手を打ってくれない？」

こうして上限12個のノルマンルールができたのです。

その後も、大食いの彼は新ルールに従って、店に通ってきていたそうです。通いたくなるのもわかります。僕が食べた10個のケーキ、どれも美味しかったんです。

その彼に興味を持った僕は、お母さんに聞いてみました。

「ここで待っていれば、彼に会えますかね？」

「そういえば、最近、顔出さないわね……」

そして、残念がっている僕に向かって、お母さんはこう言ったのです。

「まぁ、毎日あんなに甘いものばっかり食べてたから……死んだんじゃないの」

ケーキ屋さんがそれを言っちゃあ……。

「いや私って、口が悪いでしょ。つい言っちゃうのよ。いけないってわかっているんだけど……ポロッと口から」

ついこの前も、上限の12個を食べ終わった後、制限時間1時間を超えてもなお居座るお客さんに、面と向かって「もう、二度と来ないで！」と言ってしまったそうです。

顔を皺くちゃにして、後悔の念に苛《さいな》まれているお母さん。決して悪い人じゃないんです。

人間くさくて僕は大好きになりました。

「ケーキバイキングのお店に来てさ、たくさんケーキを食べたら、店の人から、もう二度と来ないで、って言われるのよ。**私だったら、そんな店嫌だ**」

そこまでわかっているのになんで……。

「わかっているのに、言っちゃうの」

そんな日の夜は、後悔で眠れなくなってしまうので、

「南無妙法蓮華経、南無妙法蓮華経――」

お経を唱えているらしい。

ただ単に怒りっぽいだけの人だったら、40年も潰れずに店を続けられるはずがない。言いたいことをズバズバ言うこのお母さん、じつは愛されているに違いありません。

店の前は金沢高校の通学路になっていて、生徒たちは「美味しいケーキ」と「怒るお母さん」をセットで楽しんでいるのだそうです。

「今日はいつもよりはよう怒りだしたがや！」

もはや、ケーキのトッピングがお母さんなのか、お母さんメインでケーキがトッピングなのか。仲良くなったお母さんに、僕は素性を明かしました。

「ワハハ本舗の芸人さんとか、出まかせ言って、芸能人特権でただでケーキ食べようってんじゃないの？」

どこまでも口が悪い……。

さらにお母さん、証拠を見せろと迫ってきます。名刺やスケジュール帳を見せながら、必死にアピールする僕の姿を見て、やっと信じてくれたのはいいのですが――。

「私、芸人って大嫌い！」

だから、それをやめなさいって！ また今晩お経を唱える羽目になるでしょ。僕がそう言うと、お母さんは何度も頷いていました。

次の年も金沢での仕事が入りました。もう一度ケーキバイキングに挑戦するため、いや、今度はお母さんの顔を見るために、僕はノルマンを訪ねました。もう無理をする必要はありません。お母さんのケーキを、じっくり味わって食べました。そう、三つも食べれば元は取れるのですから――。

ダメ元で金沢でのライブにお母さんを誘ってみたら、忙しい中、わざわざ来てくれました。お母さん自身がネタにされているのに、楽しんでくれたようで安心しました。

２０１５年３月、北陸新幹線が金沢と東京を繋ぎました。僕の旅は各駅停車ですが、人とゆっくり繋がっています。

福岡県・福岡市

ホームレスに弟子入りした話

肌寒い季節になると、福岡の地が恋しくなります。気候が暖かいから、ではありません。福岡には、僕が尊敬する不器用な達人がいるのです。

繁華街の街角で薄い雑誌を掲げながら立っている人を、皆さん一度は見たことがあると思います。

雑誌の名前は、『ビッグイシュー（THE BIG ISSUE）』。記事の内容は、海外セレブやハリウッドスターのインタビューに始まり、国内の著名人のインタビュー、音楽ネタ、料理のレシピまで掲載。果ては、アメリカ大統領を表紙にした号もあるのです。

ご存じの方も多いと思いますが、ビッグイシューは、もともとホームレスの仕事を作り、自立を支援するというコンセプトのもとで、イギリスの企業が始めた支援事業です。

つまり販売している人は全員ホームレス。値段は、現在は一冊350円ですが、取材当時は一冊300円で売られていました。30ページ前後の冊子としては少し高額なような気もしますが、じつはこの雑誌は1冊売れると140円が出版社へ、残りの160円が販売したホームレスの人たちの取り分になるのです。

福岡でのライブを控えた僕へのミッションが、このビッグイシューの販売員になってほしい、というものでした。

しかし販売員になるにはホームレスであることが必須条件のはず……。

深夜バスで福岡に到着すると、出迎えてくれたライブの女性スタッフさんが、僕の姿を頭の先からつま先まで舐め回すように眺めて言いました。

「うん、コラアゲンさんだったら、採用されるかもね、ワハハハハ……」

不本意ながらも、さっそく福岡・天神の街へ繰り出しました。

すると、いきなり西鉄グランドホテルの前で、ビッグイシューを手に持った、60歳前後のオジさんに出くわしました。ビッグイシューの販売をしているということは、この人もホームレスのはずですが、格好は僕より小ざっぱりしています。

とりあえず、このオジさんに話を聞いてみようと、軽い気持ちで声をかけました。しかし、これが運命の出会いとなるのです——。

「すみません、ビッグイシューの販売員をやりたいのですが、どうしたらなれますか？」

すると、オジさんは僕を一瞥して言いました。

「失礼なんだけどさぁ〜、兄ちゃん——**お家《うち》あるんじゃないの？**」

いや、別に失礼な質問じゃないですけど……。

「一応、東京で4畳半のアパートに住んでますが」

「フン、話にならんな！」

「なんでですか？」

「当たり前じゃないか！　ビッグイシューはね、俺たちみたいなホームレスじゃないと売っちゃいけないんだよ。家のある奴はダメなんだ。東京のアパートって、どれだけブルジョアなんだ、お前」

「いや、アパートの家賃は2万円、風呂なし・共同トイレです。収入だって、芸人を20年以上やってますが、月の平均ギャラは3万、4万がいいとこなんです。はっきり言って、皆さんとそんなに生活は変わらないと思います！」

ブルジョアと言われてつい興奮した僕は、往来の真ん中で声を荒らげてしまいました。するとオジさん、なだめるように、こう言うのです。

「そうか、兄ちゃんの話は聞いてやりたいけどなあ……。ワシも生活かかってるんだ。今仕事中だから、そういう話は勘弁してくれんか？」

僕は、相手の迷惑も考えず、自分の都合で仕事の邪魔をしていたことに気づきました。

だいたい、どんな雑誌かもよく知らずに、いきなり、販売員になりたいと言うのも失礼だ。

話を聞いてもらうのなら、まずは礼儀として、1冊買うべきだと思いました。

３００円を手に「1冊ください」と申し出ると、いくらか機嫌を直してくれたようで、オジさんはビッグイシューを1冊差し出してくれました。

「大変なんだろ……１４０円でいいよ」

１４０円は自分の取り分を引いた、出版社にバックする雑誌の原価です。これでは、オジさんの懐には1円も入らない。どちらが支援を受けているのかわかりません。

「原価でいいよ、原価で。東京で2万のアパートって――苦しいんだろ、そんな奴から取れないよ」

しかし、僕にもプライドがあります。ホームレスのオジさんから施しを受けるわけにはいきません。何度かやりとりしたあげく、やっとオジさんが折れてくれて、ようやく正規の値段で購入できました。

それでも頑固なオジさん、３００円を手渡す僕に、バックナンバーを1冊、サービスでつけてくれました。

「これは付録だ！　あのさ、兄ちゃんも本気でビッグイシューを売りたいならさ、安易に人に尋ねる前に、自分で調べてみたらどうだ。それが、自立の第一歩だぞ」

そうだった。ビッグイシューの存在意義は、自立するためだった。

「それでもわからなかったら明日もう一度来い。働けるうちは働け！　見たところ、兄ちゃんまだ40代後半だろ」

「いや、まだ39歳です……」

「え……老けとるなあ。いったい何があったんだ？」

大きなお世話や！　そういえば、以前、手相を見てくれた占い師にこう言われたことがあります。

「42歳の時に、大きな転機があったでしょ」

ちなみに、その時僕はまだ、37歳でした……。

それはさておき、はるかに波瀾万丈の人生を歩んでいるはずのホームレスのオジさんに心配されてしまう僕っていったい——。

その翌日、自らの自立に向けて（？）さっそく調べてみると、ビッグイシューの販売員になるには、面接が必要だとわかりました。しかも面接会場は、中心街から目と鼻の先、救世軍の教会です。ただこの日は牧師さんが不在で、残念ながら販売員の面接を受けることはできませんでした。

しかし！　面接会場を自力で調べ、面接を受ける努力はしました。大義名分を得て、再び西鉄グランドホテルに向かうと、この日もオジさんはビッグイシューを手に立っていました。

前日は、福岡では珍しいぐらいの寒い日で、防寒着を着ていた僕でも震えるぐらいでした。付録にバックナンバーを1冊つけてくれたその気持ちに何かお礼がしたくって、安物だけど防寒用のシャツとパッチを持って行くことにしました。

「貧乏芸人から受け取れるかよ」

「風邪、引きますから」

拒むオジさんに、シャツとパッチを無理やり手渡しました。

「悪いなぁ〜」

そんなやりとりをしているうちに、オジさんの表情もだいぶ和らいできたように見えます。

頼むなら、今しかない！

「オジさん、僕にそのビッグイシューを販売させてもらえませんか？」

「これか」

「1冊でもいいんです！　売ってみたいんです！」

「——甘くねぇぞ」

そうして寒空の下、オジさんのレクチャーが始まりました。しかしこれが、ビッグイシューの販売のコツというよりも、全ての商売に通じるのではと思えるほどの、深い商売哲学だったのです……。

「まず、ビッグイシューの販売員として一番大切なのは、服装だ！　あんまり、良い服を着ていてはダメだということだな。道行く人の、同情心をくすぐる服装――。だが、不潔だったり汚いのはダメだ。可哀想だなあ、と思わせるくらいの微妙な塩梅《あんばい》が、コーディネートの鍵だ」

「では、僕の服装はどうですかね」

するとオジさん、僕のベンチコートにスウェット姿を見て、間髪いれず言いました。

「問題なし！」

いや問題やろ！　ビッグイシューの販売員としては合格かもしれませんが、芸能人としては問題山積みです。でもとりあえず、これでオジさんからは仮免許を与えられたようです。

西鉄グランドホテル前の道で、教習は続きます。

「次に大切なのが声だ。恥ずかしがっちゃダメだぞ！　ビッグイシューでーす、ビッグイシューでーす。ほら、お前もやってみろ！」

「ビッグイシューでーす、ビッグイシューでーす、ビッグイシュー、いかがですかあ～」

「ちょっと待て」

オジさんの顔色が変わりました。

「いいか、このビッグイシューはな、**いかがですかと勧めるほどの雑誌ではないッ！**」

「えー、そんなん言うていいんですか？」

「当たり前だ！　ビッグイシューを買ってくれる人は内容なんてどうでもいいんだよ。買ってくれるお客さんは、内容が２割で、７割が同情――」

じゃあ、残りの１割は？

「人間性だよ」

面白いことを言うオジさんや――。ますます興味が湧いてきました。

さらに販売心得は、お客さんに対するこまやかな気遣いにまで及びます。

「そしてお金をもらったら、お釣りより先に雑誌を渡してはダメだぞ。必ず先に、お釣りを返すんだ」

不思議そうな顔をする僕に、オジさんは言いました。

「俺たちはホームレスだ。お釣りを返すのに少しでも手間取ったら、お客さんは、釣りはいいよって言わなきゃいけないかなと思ってしまうだろ」

気遣いはそれだけではないんです。

「お釣りを先に返したからって安心しちゃダメだ。その後は、できるだけ素早く、雑誌を差し出せ」

ここにも、深い思いがこもっているのです。

「ビッグイシューを買うのって、結構勇気がいるんだぞ。同情して足を止めてくれたとしても、俺たちと関わっていることは、人様には見られたくないかもしれない。特に女性はそうだろう。なるべく早く、立ち去れるようにしてあげなければならない。これが、ビッグイシュー販売の3カ条だ」

ちょっと感動しました。このオジさんは、そこまで相手のことを深く考えて、街に立っていたのか——。僕は、思わずこう口にしてしまいました。

「オジさん！　僕を弟子にしてください！」

「よ〜し、わかった。そこまで言うなら、認めてやろう。今日からお前は、俺の——**二番弟子だ！**」

すでに弟子がおったんかい！

「福岡ビルに立っているのが、暖簾分けした一番弟子だ」

「…………」

めでたく、二番弟子として入門を許された僕は、師匠の温かい目に見守られながら、販売員としてデビューの舞台に立ちました。

「ビッグイシューでーす、ビッグイシューでーす、ビッグイシューでーす！」

売れない芸人とはいえ、舞台で鍛えた度胸と声には多少の自信があります。

「いい筋してるな。もう、俺の教えることは何もない……」

え？　まだ始めてから5分しか経ってませんけど……。

「本当は、どっかの路上に立ってたことあるだろ？」

いや立ってない、立ってない！

そして、師匠は散歩に行ってくると言って、一度姿を消しました。気を良くした僕は、張り切って販売を続けます。

「ビッグイシューでーす、ビッグイシューでーす、ビッグ……」

すると、なんと通りすがりのサラリーマンが、1冊買ってくれたのです！

僕は、喫茶店から戻ってきた師匠に、1冊売れたことをいそいそと報告しました。

すると師匠、我がことのように喜んでくれました。

「よし、こっからは俺が代わってやろう」

そして僕から奪うように、ビッグイシューを手にしました。まるで、長年培った師匠の技を見よ！　とばかりに……。

「俺の技を見て盗むんだぞ。ビッグイシューでーす、ビッグイシューでーす！」

……1冊も売れません。

デビューしたばかりの弟子が、1冊売っている。気まずい空気が師弟の間に流れます。

「ビッグイシューでーす！　スペシャルインタビューは、茂木健一郎でーす」

それでも、人っ子一人、足を止めてくれません。すると師匠、ドヤ顔で言いました。

「なっ、1冊も売れないだろ」

ガクッ！

「でもなあ、俺たちの仕事は、立ち続けなきゃダメなんだ。こんな俺にも、ご贔屓《ひいき》にしてくれるお客さんがいてなあ。一日平均にしたら、40冊は売らせてもらっている」

しかし売れるのは、新刊が出た直後だけだそうで——。

「数日経てば、今日みたいにまったく売れない日が続くんだ。売れないってわかってるなら、わざわざ立たなくてもいいんじゃないかって思うかもしれないけど、俺を支援してくれる人は、毎日この前を通って朝から晩まで働いている。雨の日も風の日も、雪の日だって……。そのたびに、西鉄グランドホテル前のオッちゃん、今日も立っているな——そう思っているから、ご褒美をくださるんだ」

そして、意外な事実を告白してくれたのです。

「俺の知っている限り、ビッグイシューで自立できたホームレスは、一人もいない！　売れないんじゃないんだよ。やる気がないんだ。そういう奴らは、売れる時間帯にしか立ちたがらない。売れなくなったら、すぐに撤収する。そんな奴は最低だ。これは俺の仕事なんだ、仕事は追究しなきゃダメなんだ。コツコツ努力するのはしんどいことだが、きっと誰かが見てくださっている。芸だってそうじゃないか」

弟子を諭す師匠の背中が、涙で滲んでよく見えません……。

しかし同時に、一つの疑問が僕の頭の中で渦巻いていました。どうして、こんなにしっかりとした商売哲学を持っているオジさんがホームレスなのか。どんな仕事に就いても、やっていけそうなのに……。

でも、師匠の言うことは本当でした。買う人はいなくても、前を通るOLさん、おばさん、サラリーマン……何人もの人が声をかけたり、微笑みを残して通りすぎていくのです。

「後で、一杯飲んできて」

コーヒーチケットを手渡す人。

「次、15日に買いに来るネ」

そう言い残して、帰途につくOLさんのグループ。

師匠は、みんなに愛されている——。これは後からわかったことなのですが、師匠は福岡のビッグイシューの、トップセールスマンだったのです。

仕事がハネた後、ご贔屓からいただいたチェーン店のコーヒーチケットでさっそくご馳走になりました。熱いコーヒーで暖を取りながら、僕の頭の中から消えない疑問を師匠にぶつけてみました。

「俺がホームレスになった理由？　過去のことはいいだろ。成功した後に過去の苦しかった経験を語るんならいいけどなあ……今、俺はこんな最低な状態だ。昔は良かったなあ、と語るのはカッコ悪い」

「僕は今の師匠を最低だとは思いません。今日話を聞かせてもらって、みんなが師匠に声をかけている様子を見ていて、教えられることでいっぱいでした。正直——カッコ良かったです。自分を卑下するのはやめてください」

師匠の目は必死に涙を堪えていた。

「兄ちゃんとは——一生の付き合いになりそうだな」

いや、そこまでは思ってませんでしたけど……。

「まあ、ワシらは特殊な世界だ。いいネタになるんじゃないか？」

「僕にも、何か手応えがあります。明日のライブが楽しみです。全て師匠のおかげです」

「シャツとパッチの義理もあるからな。お前このネタ、もっと膨らましたくないか？」

えっ、これ以上膨らみますか？　弟子思いの師匠、ネタの中身まで面倒をみてくれようとするんです。

「ホームレスの世界は面白いぞ〜。馬鹿ばっかりだ、馬鹿ばっかりだが、人のいい奴もいっぱいいる。兄ちゃんが福岡に来るたび、一人ずつ——滑稽な奴を紹介してやろう」

わたくし、ホームレス界の最強のコーディネーターを得ました。

さて、仕事が終わるのは、夜7時前。ビッグイシューを片づけると、周りのゴミを拾い、自分が立っていた場所の掃除をします。

「西鉄グランドホテル前といえば一等地だぞ。そんな場所で商売させてもらってるんだから、ショバ代がわりに掃除ぐらいはしないとなあ」

そんな師匠は、ホテルの支配人から食事を差し入れられたこともあるそうです。

この2年後、努力が実り、師匠は念願の住処を手に入れました！　以降、来福のたびに元ホームレスの師匠の家に泊めてもらっているのは言うまでもありません。

ショート・ミッション⑤　北海道・厚真町

「厚真町のエジソン」の発明品

今回、北海道・厚真町《あつまちょう》にやってきたのはある「偉人」に会うためです。

その方は、「厚真町のエジソン」の異名を持つある発明家で、名前を久保巌さんといいます。

この方の存在を教えてくれた北海道の知人に場所を聞き、さっそくご自宅を訪ねてみました。

浜厚真駅から車で10分。教えてくれた住所に到着すると、さっそく謎の看板が……。

厚紙補聴器？　いったい何だこれは。

訪ねた場所は数年前に廃業した電気屋さんのようで、店内もまだ片づけが済んでないのか、雑然としたまま何とも言いようのない雰囲気を持っています。

「ごめんくださ～い。すいませ～ん」

何度か声をかけてはみたものの、何の返事もありません。

仕方なく、声のボリュームを上げて、「すみませーん！」と叫ぶと、家の奥の方から人の気配がして、扉が開きました。

グレムリン？　しかし、もはや厚紙補聴器の正体を問いただす必要はなくなりました。奥から姿を現した老人の耳には、紙で作った、見るからにチープな集音器がついています。これが厚紙補聴器に違いない……。しかし見た目は、仮面ノリダーか、ミスター・スポックか、はたまたマギー審司の大きくなっちゃった耳か。とにかく強烈なインパクトです。

しかも、この厚真町のエジソン、大正12年生まれのご高齢。ご自身の耳がお悪いようでして、普段から自分で発明したこの厚紙補聴器を、常に装着して生活しておられるそうです。

一見チープな紙製の補聴器ですが、反響を利用した音の増幅、残響を消す仕組み、電池を必要としないエコ設計……。長年にわたる研究と複雑な方程式を駆使し、発明家人生の集大成として完成させたものだそうです。

しかもこの厚紙補聴器、なんと正式な特許を取っているのです！

なるほど見た目は奇異ですが、ものすごい発明なのかもしれない。これは、面白い取材になりそうだと思い、前のめりで質問をぶつけました。

「その厚紙補聴器、どのくらいよく聞こえるんですか？」

するとエジソンさん、厚紙補聴器の上からさらに掌《てのひら》で耳を囲って、言いました。

「ええっ？」

聞こえてないんかい！
……取材はここで打ち切らせていただきました。

この話を語る時は、北海道・厚真町から実際に厚紙補聴器を取り寄せて、会場で販売させていただいております。もちろん、中間マージンはいっさいいただいておりません。最後に、正確な商品情報を掲載させていただきます。

特許番号：383471３号
正式名称：耳掛け反射型補聴器
発明者：久保巌

取材当時の販売価格は１０００円だったのですが、需要と供給のバランスが崩れたのか、そ

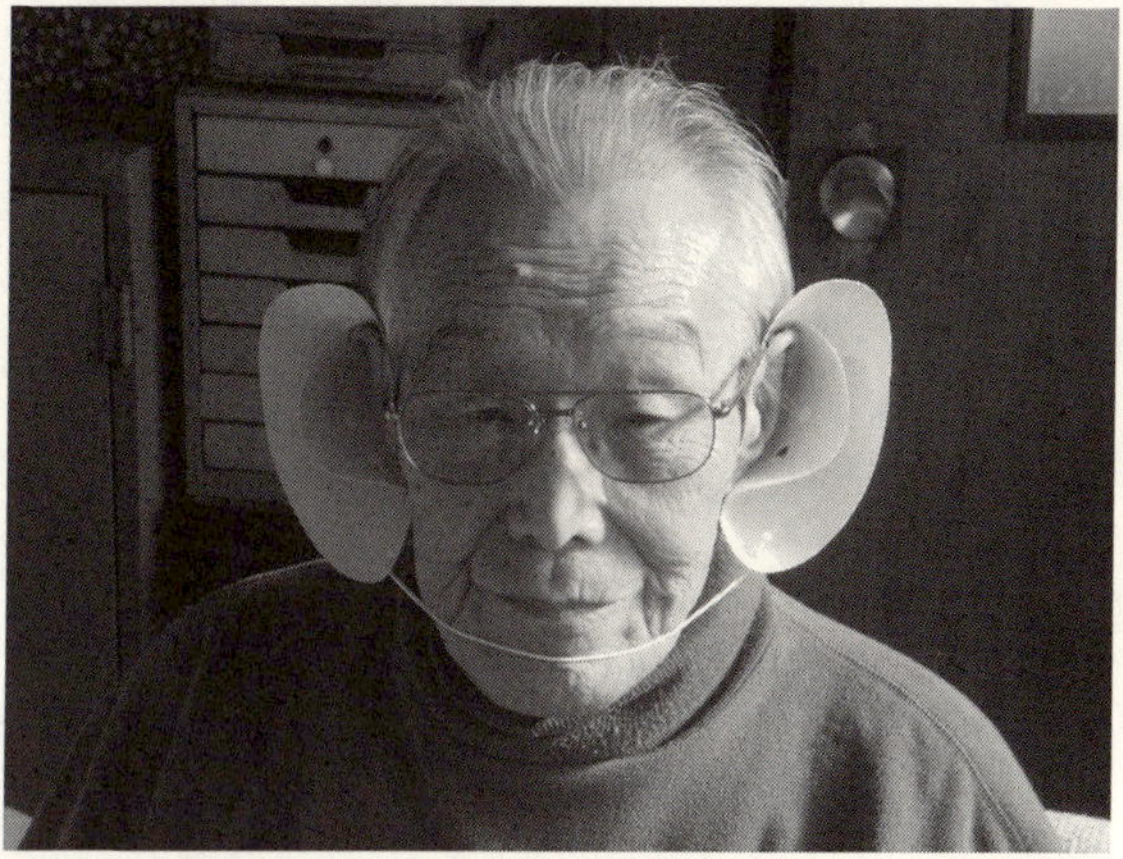

厚紙補聴器の発明者の久保巌さん。

の後いきなり半額の500円にダンピングされたのです。しかし、開発者魂は衰えを知らず、改良に改良を重ねた結果、現在厚紙補聴器は1500円に値上がりしていました。

テレビの音が大きすぎると、家族に言われませんか？

家族との会話が不自由になってきていませんか？

電話の声が聞きづらくありませんか？

そんなあなたに厚紙補聴器。高価な補聴器を買うのはまだ早い！（ハロウィンパーティーでも使えます）

千葉県・成田市

全国穴掘り大会に出場した話

「それには、絶対触れるな……その場からすぐに離れて、どんなことがあっても人を近づけるな。今すぐに警察に連絡しろ！」

電話越しに聞こえる、切羽詰まった自衛官の声。今回、僕はひょんなことから、命の縮む思いをすることになるのです――。

ある日、僕が自主的に見つけてきたネタを、喰始社長に披露した時のことです。いつものごとく永遠とも思えるダメ出しの後、半泣き状態の僕を見かねた喰社長、助け船のつもりで新しいお題を出してくれました。

「優勝してきなさい……**どんなことでもいいから**」

どんなことでもいい？　今まで、数々のハードな指令を出し続けていた喰さんも、さすがにネタが尽きたのでしょうか。

しかし、その軽い一言のおかげでこの日から僕は、全国を駆け回ることになりました。

奈良の鹿せんべい飛ばし大会。

岩手のちゃぶ台返し世界大会。

青森の津軽すこっぷ三味線世界大会。

山形のさくらんぼの種吹きとばし大会。

広島の下駄飛ばし大会。

——これらの大会についても、いずれ話す機会もあるかもしれませんが、今回は、千葉の成田ゆめ牧場で毎年開催される「全国穴掘り大会」に参加した時のお話をしたいと思います。

全国穴掘り大会のルールは単純明快。制限時間は30分で、最大6人編成。多くの参加者は5人ひと組で参加するのですが、その間、ただただ人力だけを頼りに穴を掘るだけ。最終的に一番深く穴を掘ったチームが優勝です。そして、表彰式が終わったら、掘った穴を自分たちで埋めて帰ります。

全国大会といっても、ただ穴を掘り、そして後始末をして帰る、そんな大会に集まる物好きがそれほどいるとは思いませんでしたが——なんと、今回の参加チームは259チーム。しかも、集まったチームのほとんどが、水道工事、ガス工事、電気工事などに従事している、穴掘りのスペシャリストの方々で、いうなればプロフェッショナル。

この大会では、毎年3メートルを超える記録が続出するそうです。3メートルということは、底に下りたら、一人では上がれません。たった30分で3メートルも掘れるものなのか？

過去12回を数える大会での最高記録は3メートル85センチ！　その時、地面からは地下水が湧き出たそうです。ここまできたら穴掘り大会ではなく、もはや井戸掘り大会です。

社長からの指令は、「優勝」です。チーム編成にあたっては細心の注意を払って仲間を選びました。

「チーム・コラアゲン」を紹介します。キャプテンは僕、コラアゲンはいごうまん。構成員はワハハ本舗の若手から――現在は解散してしまいましたが――ラジークイーンの三人。その中の二人、マンボー君とキッド君はなんと、芸人をしながらリングに上がっている、西口プロレスの現役レスラー。体力は折り紙つきです。

しかし、もう一人の男に一抹の不安がありました。それは……チェリー吉武。震災のボランティアの話にも登場しましたが、体力はあるのですが、頭が残念な男でして……何をしでかすか未知数なのが悩みの種です。さらに、かつて全国穴掘り大会に出場した経験をもつDJマリオを加えた5人が、チーム・コラアゲンのメンバーです。

まずは、前年大会の優勝チームの師岡《もろおか》さんに、穴掘りのコツを教えてもらうことにしました。師岡さんいわく、

「基本は、掘り出す土砂の量を少なくすること。つまり、太く掘らずに、細く掘るのが効率的ですね」

つまり、何人も入れる大きな穴ではなく、一人がやっと作業できるギリギリ、直径1メートルくらいの穴を掘る。そして掘り手は一人だけにして、体力の限界まで全力で掘り続けるのです。しかし、どんな屈強な男でも、2分と持たない重労働なのだそうです。

そこで、交代要員として他に二人を配置、穴掘りの実行部隊は三人で組みます。残りの二人はバケツを使って、掘り起こした土を地上に引っ張り上げる汲《く》み出し部隊でチームを編成するのがポイントだそうです。

この時、すでに大会は1カ月後に迫っていました。頭で考えるより体に叩き込まなければ何もできない連中ばかり。しかし、練習しようにも2メートルも3メートルも穴が掘れる場所なんて、都内にはなかなかありません。

勝手に公園を掘るわけにはいきません。仮に、人気《ひとけ》のない場所が見つかったとしても、このメンツですから、死体か何かを埋めていると通報されるのが落ちです。

「どうしよう……」

困っていたら、さすがは前年優勝者の師岡さんです。余裕からか、ライバルでもある僕たちを千葉県四街道《よつかいどう》市の丸山さんという方の畑に呼び出しました。ここならばいくらでも穴を掘っていいと言うのです。

丸山さんの畑に通い始めて、3回目のこと。いつものようにスコップで穴掘りの練習に励んでいると、ガツンと音がして、何か硬いモノに当たる感触がありました。掘り出してみると、現れたのは泥にまみれた丸い石のようなもの。よく見ると、泥がついていない部分に、なにやら文字が書いてあります。

「何やこれ？　石やないな……鉄か？」

こびりついた泥と錆《さび》を削り落とすと、文字の前半はかすれて読めないのですが、ハッキリと「零式」という文字が浮かび上がってきたのです。

「零式？　まさかこれ、戦時中の……」

そうなんです。僕、**70年前の不発弾を掘り出してしまったんです。**

「えッ？　えッ？」

僕はその物体を抱えながら右往左往するばかりで、完全に思考がストップしてしまいました。

全国穴掘り大会に挑むチーム・コラアゲンの面々。

その時、ハッ！　と、頭に浮かんだのが、以前、取材で知り合った北海道・留萌《るもい》駐屯地の自衛官の越前さんの顔でした。不発弾をチェリー吉武に預け、慌てて携帯電話を取り出しました。

「おう、コラアゲン久しぶりぃ、今どんなこと調べてるの？」

「い、今、穴掘り大会の練習で……」

「穴掘り？　面白そうだな、コツ教えてやろうか？」

「ぜひ――いや、そんなことより、穴掘り大会の練習で地面を掘ってたら、錆びてボロボロの金属の塊が出てきたんですけど、そこに『零式』って書いてあって……」

それまで穏やかな口調で話していた越前さん、口調が一変しました。

「場所はどこだッ！」

「四街道です……千葉の」

「戦時中、演習場があったところだな……いいか、絶対触れるな！　その場からすぐに離れて、どんなことがあっても人を近づけるな。今すぐに警察に連絡しろ！」

自衛官の切羽詰まった声を聞いて、もうこっちもパニック寸前です。

その場にいたマンボー君、キッド君に声をかけ、慌ててその場を離れようとしたその時

――チェリー吉武の姿が見えないことに気づきました。

「アイツ、どこへ行きやがった！」

すると、背後から、大きな鈍い音が聞こえてきました。


ガン、ガン、ガンッ！


振り向くと、我が目を疑う光景が――。チェリー吉武が、こびりついた泥を落とそうとして、手に持った不発弾を、壁にガンガン叩きつけているんです……。

「爆発するッ！　吉武ッ！　爆発するーッ！　お前が手に持ってるのは爆弾やッ！」

それを聞いた吉武君、急に恐怖に襲われたんでしょう。なんと、手に持った不発弾を丸山さんの庭に放り投げたのです。

「いつでも好きな時に掘りに来てくださいね」

と笑顔で迎え入れてくれた丸山さん一家を皆殺しにする気か？　恩を仇《あだ》で返すとはまさにこの

四街道で偶然掘り出してしまった不発弾。

ことです。

やがて、サイレンの音が聞こえてきて、千葉県警のパトカーが到着しました。

「穴掘り大会のための練習で――は、畑の下から不発弾を掘り起こしてしまいました」

しどろもどろで事情を説明すると、さすがの警察官も驚きの顔を見せました。

「えーっ！　全国穴掘り大会なんてのがあるんですか？」

いや、そっちかい！　不発弾そっちのけで、穴掘り大会に食いついてくるんです……。

「いや、この不発弾、大丈夫なんですか？」

「見たところ、どうやら信管が抜けているようですから、大丈夫ですよ」

なんだ、そうだったのか……。しかし、チェリー吉武を参加させたことへの一抹の不安が、やっぱり的中してしまったというわけでした。ちなみに、この70年前の落とし物は、後で警察から自衛隊へと引き取られていったそうです。

僕の不運と、チェリー吉武の残念な頭が招いたアクシデントを乗り越え、やっと「全国穴掘り大会」の当日を迎えました。会場には、縦横4メートルのロープで仕切られた区画が並んでいます。本番に臨む僕たちに、師岡さんが最後のアドバイスをくれました。

「君たちにいろいろ教えてきたけれども、この大会で一番大切なのは――運だ」

なんやそら！　しかし詳しく聞くと、こういうことなんです。会場内のどこを掘るかは当日のくじ引きで決まるのですが、参加チームと同数の259カ所に区切られたブロックのほとんどは、関東ローム層の柔らかい土壌なんだそうです。しかし――。

「その中に一つだけ粘土層の場所があるんだ。そこは俺たちプロでも歯が立たない、魔の区画だ。特別に、教えておいてやる。番号は21。いいか、21番だけは絶対引くな。引いたらそこでこの大会は終わる！」

嫌な予感しかしません……。ここまで、不幸を招く僕の生き様をご覧いただいてきた読者の方々ならおわかりになるでしょう。本来なら年長者でリーダーの僕が引くべきところでしょうが、九分九厘、21番を引き当てる自信がありま す……。ここはジャンケンで抽選者を決めようと、三人の仲間に申し出ました。

穴掘り大会の参加者は、なんと259チーム。

勝ったのはキッド君。しかし、抽選に向かう彼の背中を見て、僕はふと思いました。

いや待てよ。たしかにこの流れでいけば、ジャンケンで勝ったキッド君がくじを引くのが筋だ。しかし不幸の塊である僕のチームが、正攻法を取っていいのだろうか……。裏をかいて逆だ！　逆を選択しよう！　そう思い、ジャンケンで一番初めに負けたマンボー君に、くじを引いてもらうことにしたのです。

「負けた僕が引くなんて、縁起悪くないですか？」

マンボー君、明らかに責任を負うのを嫌がっています。しかし、嫌がるマンボー君をなんとか説き伏せ、抽選に行かせました。

帰ってきたマンボー君、見事、21番のくじを引いて戻ってきました。

これ、残念ながら、本当の話なんです……。２５９分の1の確率を見事に引き当てる、ワハハ本舗のくじ運って、なんなんや！

「だから、僕は嫌だと言ったんだ！」

涙目で、逆ギレするマンボー君。この時点で一カ月間の努力が泡と消えました。

「ハハハッ、マンボーさん、全員にジュース1本おごってくださいよ」

ジュース1本では済まない事態に陥っているのだよ、吉武君……。

結局、全員炎となって粘土層に挑みました。全体重をかけてスコップを地面に突き立てても、穴掘りのプロですらさじを投げる粘土層は、お笑い芸人の体力をみるみる奪っていきます。かけ声はいつの間にか呻《うめ》き声に変わっていました。

それでも穴は一向に深くなりません。周りを見回せば、すでにすっぽり穴の中に全身を沈めた強豪チームもあります。

制限時間の30分が目の前に迫っています。穴の外には、一人っきりで三人が掘り出した粘土を引き上げてくれたマンボー君。穴に飛び込み、代わる代わる体力の限界まで掘り続けたのは、僕と、吉武、キッド君の三人。制限時間いっぱい、トリを務めるのは順番からいうとキッド君です。

プロレス仕込みの肉体を持つ彼に、ラストスパートを託そうとすると——。

「最後は兄さん、いってください！」

僕に花を持たせようとする彼の顔には、限界を超えた疲労の色がくっきりと出ていました……。

それでは、チーム・コラアゲンの成績を発表します……。結果は、２５９チーム中89位！　優勝どころか、逆にネタとしても微妙な順位でした……。優勝への飽くなき挑戦は、続けるしかないようです。喰社長！　あんたのせいや！

宮崎県・都城市

バスの中でラーメンを食べた話

以前、学生禁止の学生ラーメン屋さんをご紹介しましたが、宮崎県・都城《みやこのじょう》にもちょっと変わったご当地ラーメン店があります。

その名も「バスラーメン」。文字通り、本来、市民の足として活躍する交通機関であるはずの、バスを改装して店舗にしているのです。

パッと見では、2台のバスがL字形に駐車されていることもあり、ただのバスターミナルにしか思えません。しかし、本来行き先が書いてあるはずの、運転席の窓の上にはしっかりと「バスラーメン」の文字が。

さらに奇妙なのは、店主のバスに対する愛着の表れなのでしょうか、バスにわざわざトタン屋根をつけていることです。初めからバスには屋根があるのに、さらに屋根が載っている二重屋根構造……意味がわかりません。ともあれ、どんな人間も、この異様な外観を見たら必ず足を止めるに違いない、都城では超有名なラーメン店なのです。

名古屋でサラリーマンをしていたご主人が、一念発起して都城へのUターンを決めたのが

40年前のこと。故郷で子供を育てたいと思ったのがきっかけだったそうです。その足で久留米に住む親戚のもと、ラーメン修業を始めました。

そして一年後。いよいよ、自分で店を構える準備ができました。味には自信がありましたが、同業者がひしめくこの土地で成功するためには、それだけでは物足りない気がする……。それで思いついたのが、バスラーメンだったそうです。

いや、たしかに目立ちますけど……。ご主人、発想が突飛すぎます。

さて、肝心のラーメンはどんな味なのか？　出されたラーメンは薄味ながら、どことなく懐かしい感じのする家庭的な味です。しかも、セットでついてくるのは、チャーハンではなくなぜか稲荷寿司。立ち食いそばならわかりますが、ラーメンに稲荷寿司はあきらかにミスマッチに思えるんですけど……。他にも、焼きうどん、お好み焼き、カレーライスも出てくるラーメン屋さんなんです。

和・洋・中が揃う不思議なメニューも手伝ってか、バスラーメンは開店当初から子供たちに大人気。家族連れがたくさん訪れて大繁盛したそうです。驚くことに、その後、この店を真似たバスラーメンが何軒もできたそうで。いや、そんな何軒もバスラーメンいらんやろと思ったら、案の定、今ではこの元祖のお店が残るのみだそうです。

「でも最近は、お年を召した常連さんが増えて、出前が増えてるんだよなあ」

「え、このバス、出前もできるんですか？」

「いや、自転車で」

バスの意味ないやん！　まあ40年前のバスですから、無理もありません。それでも開店当時は夜鳴きそばのように、このバス店舗を動かして出前しようかと考えたこともあるらしいです。そもそもご主人、このオンボロバスをどうやって手に入れたのか。

開業前のこと。バスを店舗にしてラーメン屋を開こうと思いついたご主人は、とりあえず地元のバス会社、宮崎交通を訪ねてみたそうです。

しかし返ってきたのは、にべもない返事。

「廃車にするバスでも、一般の方にはお譲りすることができないんです」

それでもご主人は諦めません。次に当たってみたのが、鹿児島交通。まずは電話してみると、担当者に二つ返事でこう言われたそうです。

「引き取ってもらえるなら、無料で差し上げます」

タダ？　想像もしていなかった返事にご主人が喜んでいると、担当者が申し訳なさそうにこう付け加えました。

「ただし、私どもでバスの出前はできませんので、鹿児島まで取りに来ていただけますか。

……つまり、**テイクアウトでお願いします**」

それでご主人、鹿児島から宮崎まで50キロ以上の道のりを、廃車寸前のオンボロバスを自ら運転して、持って帰ってきたのだそうです。

「今でもバッテリーさえ繋げばエンジンはかかるから、動くことは動くはずだよ。いや、出前は無理だけど……。まあ、このバスが私らの子供を育ててくれたようなもんだ」

ご主人は優しい顔で、自慢の愛車（？）を撫でていました。

有名店だけあって何度もテレビや雑誌の取材を受けてきたそうですが、このバスがじつはまだ動くという秘密を明かしたのは、今回が初めてだそうです。

開店以来、この場所から一歩も動いていないバスラーメン。でも、ご夫婦、子供たちの夢というお客さんを乗せて、この40年間を駆け抜け

バスをそのまま利用してラーメン屋にした「バスラーメン」。

てきたのです。その夢のバスに、ぜひ僕の芸人人生も乗せてほしい。そして40年後も芸人でいさせてほしい……。そう思った僕は、ご主人に言いました。

「――お父さん。まがりなりにも芸能人を目の前にして、どうしてサインを求めないのですか？」

ちなみに僕が持ち歩いているリュックサックには、色紙と油性ペンが常備されています。

「いや、そ、そんなこと頼んじゃ迷惑かなって……」

あからさまに動揺を見せるご主人。当たり前のことですが、無名芸人にサインをもらうなんて、はなから頭になかったのでしょう。

「僕のサインなんて、本当は欲しくないいんでしょ？」

「そ、そんなことないよ……お母さん、し、色紙！」

店の奥から色紙を引っ張り出してきたご主人、僕がリュックから取り出した自前の色紙を目にすると、自分の色紙をスッと後ろに隠しました……。

その一年後――。バスラーメンにふらっと立ち寄ると、お父さんは言いました。

「コラアゲンのライブを聞いたお客さんがわざわざウチのラーメンを食べに来てくれたんだよ。細々と宣伝してくれてありがとう」

「細々って……そうですよ、僕のライブに来てくれるお客さんは少ないですよ」

「そ、そういう意味じゃ……」

ファンの少ない僕を無意識にディスるお父さん、必死で取り繕っていました。

しかしその時僕の目は、バスの車内の一角に吸い寄せられていました。一年前、たしかに飾ったはずの僕のサインが見当たらないのです。

そして以前、僕のサインがあった場所には、別の人のサインが飾られていました。そのサインの主は、元宮崎県知事・東国原さんの一番弟子の早川伸吾君。よく見ると、僕のサイン色紙は彼の色紙に覆い隠されていました。

「いやいや、ご主人！　彼は僕の独演会の前説をやってる男なんですよ。芸の世界は、先輩、後輩が厳しいところなんです。彼のサインが僕のサインの上にあるって、おかしくないですか？……いやもしかして、色紙も前説ってこと？　って言うてる場合か！」

「い、いや、僕、昔は名古屋で働いていたでしょ。早川君ね、名古屋出身で、親近感っていうか……つい話が盛り上がっちゃって」

こうなったら意地でも目立ってやろうと、もう一枚、リュックから新たに自前の色紙を出してサインを書いて、早川伸吾の色紙の上に重ねておきました。

洒落《しゃれ》のわかる彼のこと。今頃はまた、僕のサインの上に自分のサインを重ねていることでしょう……。

お近くに行かれた方は、バスラーメンで繰り広げられる、このメンツを懸けた僕たちのバトルをぜひ確かめに寄ってください。

泣く子もだまる小杉部長の話

大阪府・大阪市

触らぬ神に祟りなし——。今回は、展開が少ない割に、取材に時間がかかった、せつない案件です。

地元大阪のライブで親しくなった友達のサダちゃんから、ある日仕事の相談を受けました。セクハラ、パワハラ、モラハラ、マタハラ……。職場の問題はいろいろなところで話題になりがちですが、彼の悩みは、その人間関係でした。

サダちゃんは、大阪で医療関係の不動産を扱う、その業界では大手の会社で働いています。そんな彼の直属の上司が、「小杉部長」（仮名）という方で、メチャクチャ、怖い人なんだそうです。

怒りにひとたび火がつくと、洒落にならないレベルの怒号と暴れっぷりで、数々の伝説を残している方だそうで——。

まずは、武勇伝の一つ、「扇風機事件」をご紹介します。

社内の別の部署の社員が、何の相談もなく小杉部長の部下のA君を使った時のこと。

オフィスの廊下に響くドカドカという足音を聞いて、サダちゃんは思ったそうです。

「アカン、キレてはる……」

ドアを蹴破るようにして入ってきた、小杉部長の形相を見て、なごやかだったオフィスは一瞬にして凍りついた。

身構えたのはある課長。何か心当たりがあったのでしょう。弁解の言葉を発しようとした瞬間、小杉部長の怒号が静寂をぶち破った。

「コォラァ〜、おのれかァ〜、ワシに許可なく部下を使《つこ》うたんはッ！　借りるんやったら筋通さんかいっワレッ！　あのガキはウチとこの若い衆じゃァ、あいつにはあいつの仕事があるんじゃ！　勝手に使うなこのボケッ！　いてまうぞコラ〜ッ！」

ぶち切れた小杉部長、そばにあった扇風機を掴むとコードを引き千切り、義理を欠いた課長を追いかけ回し、あげくの果てに、課長めがけて扇風機を投げつけました。

数日後、ビルの粗大ごみ置き場には、だらりと首《こうべ》が垂れ下がった、憐れな扇風機の姿があったそうです。

次は、社外で起きた、「病院事件」。

ある病院から、事業拡大のための新規物件の相談を受けた小杉部長。商談のために、何度も先方の病院を訪れましたが、ある日、何の説明もなしに、一方的に断りを突きつけられたそうです。実はその病院の担当者は、他社から好条件を引き出すために、小杉部長を利用しただけだったのです。

初めから話をまとめるつもりのない案件なのに、何度も呼び出して無理な条件を提示し続け、あげく呼びつけた最後の席で、無礼な扱い――。

「馬鹿にすなッ！　コラァ～！」

ぶち切れた小杉部長、病院内の全ての机をひっくり返して大暴れ。さらに、駆けつけた三人の警察官にも臆することなく、こう言い放ちました。

「邪魔すなッ！　警察には関係ないんじゃ！　ワシはこの病院とサシで話しとんじゃ、警察が民事に介入すなッ！」

結局、警察官は、三人ではとても対処しきれず、新たに応援を呼んだそうです。

こう書くとただの乱暴者に思われそうですが、決して悪い人ではありません。「扇風機事件」も、あくまで自分の部下に余計な負担を強いたことに怒ったのであって、好意的に見れば部下思いの上司といえなくもありません。「病院事件」も、ビジネスとしてはありえない先方のやり方に、自分の筋を通そうとしただけです。

ただ、その筋が少しでもねじ曲げられると、どうしても許せない。そんな性分の方のようです。しかし、社会生活を円滑に送ろうと思ったら、なにもそこまで怒らなくてもいいのではないか。サダちゃんは、それが不思議でならないようなのです。

「コラアゲンさん……どうしてそんなにキレるのか、小杉部長に直接聞いてくれません？」

「いやいや、無理やろ！」

これだけの武勇伝を聞かせた後で、しれっと言うサダちゃんの気が知れません。

「そう言わずに、お願いしますよ〜。どう小杉部長と接していけばいいか、ホントにわからなくて。ここまでは安全だというセーフティー・ゾーンを知っておかないと、怖くて働けないんです」

返事を渋っていると、

「ネタにもなるじゃないですか」

芸人にとっての、殺し文句が出ました……。

まず、小杉部長が一緒に写っているという、社内の集合写真を見せてもらいました。

ひと目でわかりました。みんなが笑っている中、一人カメラを睨みつけている人物がいます。あえてたとえれば、岸部四郎を凶悪に仕立てた感じでしょうか。

「サダちゃん。一応確認しておくけど……この人、カタギだよね？」

「はい、サラリーマンです」

武勇伝とこの風貌。いきなり突撃取材をするのは、あまりにも怖い。まずは、サダちゃんに小杉部長と繋いでもらうことにして、その夜は別れました。

次の日の朝イチに、サダちゃんからメールが入りました。機嫌が良さそうな小杉部長を見て、今しかないと思い、腫れものに触るようにこうお伺いを立てたそうです。

「コラアゲンはいごうまんって芸人さんが、小杉部長を取材したいと言うんですが……」

「じゃかましわぁッ！　そんな暇があったら、一軒でも物件、売ってこんかい！」

そう一喝されて、全ては終わったそうです。

「コラアゲンさん、後はよろしくお願いします」

「いやいや、それは困る……。なんとかもう一度頼んでみてくれへんか」

そうメールを返すと、間髪いれず返信が来ました。

「僕、殺されます」

文面から、サダちゃんの怯《おび》え切った様子が伝わります。

「わかった、しゃあない。サダちゃんの身に危険が及ばないようにする。小杉部長と接触できる方法は、何かないんか？」

大阪・梅田のど真ん中に立つビルのワンフロアに入っているこの会社。他の企業もたくさん入っているので部外者でもそのビルには入ることができます。

自分の身を守るために、日頃から小杉部長の生態を観察しているサダちゃん。編み出した唯一の方法は……。

「小杉部長は午後2時から4時の間に必ずトイレに立つ習慣があります。外部の人間がコンタクトを取れる場所は、そこしかありません。コラアゲンさん……トイレで張り込んでください」

フロアにトイレは1カ所しかないので、会社の人間は、全員そのトイレを使うそうです。

小杉部長に会う、ただそのためだけに、2時間トイレに居続ける……おもろいネタになりそうやないか。そう踏んだ僕は、サダちゃんのアイデアに乗ることにしました。

その3日後、僕は大阪を訪れました。サダちゃんの会社が入っている梅田のビルに到着した僕は、午後2時、さっそくトイレに入って、スタンバイ。

今回は、長丁場や。まずは用を足しておこうと、男性用便器の前でチャックを下ろすと、隣にサラリーマン風の男性が立ちました。ワイシャツの腕の刺繍を何気なく見ると、そこにはなんと、「KOSUGI」の文字が!

「小杉部長……さん?」

「そうやけど?」

取材開始からたった5秒。目的を果たしてしまいました。

「僕、サダちゃんの友達の、コラアゲンはいごうまんといいます」

不審そうな顔の小杉部長、記憶を探るようにして言いました。

「ああっ、なんかそんなことゆうてたなぁ」

相手が相手。機嫌を損ねるわけにはいきません。まずは、手土産として持参してきた、ワハハ本舗のカレンダーを、トイレで用を足している最中の小杉部長に差し出しました。

案ずるより産むがやすしです。なぜか上機嫌でカレンダーを受け取ってくれた小杉部長。思っていたより気さくな方だと安心したのもつかの間――。

「チャックを上げんかッ!」

どうやら開けっぱなしのチャックが地雷だったようです。

なんとか、翌日のライブに小杉部長をご招待したいと思っていたのですが、そんなことを言い出せる雰囲気にはならず、この日はいきなり怒られただけで終わりました。

これが、第1次遭遇です。

それから半年後――。別件の仕事で大阪に呼んでもらった僕はこれ幸いとばかりに、再び小杉部長に挑戦しようと、サダちゃんにメールを送りました。

どうやら不動産業界は夏に業績が落ちるそうで、小杉部長は、毎日ピリピリしているとのこと。

「この時期、身の安全を第一に考えると、この件に僕は関わりたくありません。今回は全て、コラアゲンさんの独断ということでお願いします」

サダちゃんからは冷たく突き放されましたが、小杉部長の妙な魅力に惹きつけられていた僕は、午後2時、再びビルのトイレに潜伏しました。

リュックの中には、小杉部長の大好物だという、煎餅の詰め合わせを忍ばせて……。

しかし、待っても待っても小杉部長は現れません。

一流企業が入っている、梅田の総合ビルです。当然ながら、僕のようにTシャツとジーパンの男なんて、一人もおらず、ネクタイをビシッと締めた男性しか入ってきません。

三つ並んだ男性用便器の真ん中に陣取った僕を挟んで、両サイドに並んだ若いサラリーマンたちが、勢いよく放尿しながら挨拶をしては、去っていきます。

「押忍ッ」

「オッス」

そんな彼らを横目に、チャックを下げてイチモツを外に出したまま、長〜い小便をしているように見せかけながら、便器の前に立ち続けるわけです。

肉体的な疲れもそうですが、男の大切な部分を無防備な状態で晒し続けていると精神的にちょっとおかしくなってくるんですね。少し休憩しようと思い、個室に避難しました。

しかし、いつ何時、小杉部長がトイレに入ってくるかわかりません。扉を完全には閉めずに、片目が覗くほどの細ーい隙間から外の様子を窺います。すると、またトイレに誰か入ってくる気配が。

期待しましたが、背中のシルエットを見る限り、小杉部長ではなさそうだ……。その時、僕の視線を感じたその人物、放尿しながらおもむろに後ろを振り向きました。

絡み合う、個室の隙間から覗く僕の視線と彼の視線……。男ならわかってもらえると思いますが、きっと彼の小便は一瞬止まったと思います。

僕は思わず、個室の隙間から彼に向かって、

「押忍ッ！」

と、声をかけました。いや、そうするしかなかったんです。

「……お、オッス」

戸惑う彼の返事を尻目に、僕は扉をゆっくりと閉めました……。

そんな不審者ギリギリの出来事を経て、さらにトイレに潜むこと30分。廊下からカツカツと大きな足音が近づいてきました。今度こそ小杉部長かもしれない……。

動物的な勘ではありますが、根拠のない確信がありました。再びそーっと扉を開けて覗いてみると……。ワイシャツの腕に、見覚えのある「ＫＯＳＵＧＩ」の刺繡が！

2時間近く待った反動でしょうね。僕はドアを開け放って飛び出すや、こう叫びました。

「ワハハ本舗のコラアゲンはいごうまんです！　ご無沙汰しております！」

「わあッ〜！」

その容貌からは考えられない驚きようで振り向いた小杉部長。凶悪な役を演じていた岸部四郎が、素に戻った瞬間を見たようでした。

まずい、殺される！

しかし、小杉部長の第一声はいたってソフトでした。

「またお前か、なんや、いっつもトイレで会うなぁ〜」

前回のごとく、トイレの中で手土産の煎餅を渡すと、小杉部長は、機嫌よく受け取ってくれました。そして、恐る恐るライブへ招待してみると——。

「すまん、忙しくてな。ワシら、今が頑張りどころなんや」

特に怒ることもなく、やんわり断られました。

これが、第2次遭遇です。結局、本題である、「なぜそんなにキレるのか」という質問はいまだにぶつけられないままです。

第3次遭遇に向けて、トイレに潜む覚悟はできています。

ショート・ミッション⑥　秋田県・角館町

イオヤにホジを買いに行く

秋田県仙北市角館町《かくのだてまち》に、イオヤという個人商店が存在します。

よろず屋さんといいますか、ここに行けば一通りのものは手に入る雑貨屋さんでして、角館の人なら老若男女、誰もが一度は行ったことのある有名なお店なんです。今回は、そんなイオヤにお使いを頼まれたお話です。

「コラアゲン、イオヤでホジを買ってきて！」

ライブのために角館を訪れた僕に、地元のおばちゃんが言いました。

「ホジ」って、何やねん。

じつはホジとは、秋田・角館で「知恵」を意味する方言なんです。

たとえば、愚かな行いをした者に対して、「ホジねぐなっだ？」と言うのが、一番オーソドックスな使い方だそうで、標準語に翻訳したら、「お前には脳みそがないのか？」という意味になります。

蛇足ですが関西弁に翻訳すると、こんな感じでしょうか。

す。

「ドタマ腐ってんのんかい？」

後でわかったことなんですが、角館ではよく、馬鹿なことをする人間がいたら親しみとかからかいの意味を込めて「イオヤでホジを買ってこい」と、言うらしいんです。品揃え豊富な「イオヤ」と知恵を意味する「ホジ」が合わさって、角館独特の言い回しが生まれたわけです。

ただしこれは、大人が子供を注意する時に使われることが多く、さすがにいい大人に対して使うことはめったにないそうです。一歩間違えば、大喧嘩になりかねません。

つまり、その角館のおばちゃんは、何も知らない僕をからかおうと思って、こんなお使いを頼んだわけです。

「ホジって何ですか？」

そう尋ねる僕にそのおばちゃんは、必死に笑いを堪えて言いました。

「行けばわがる。イオヤは何でも売ってでるから、ホジくださいって言えば、優しく対応してくれるがら」

いくら鈍感な僕でも、その時点でホジが普通の物ではないことくらいわかります。でもそこは、実録ノンフィクション芸人の性。何もわからないまま、とりあえずイオヤに突撃することにしました。

行ってみると、一般的な雑貨屋さんのイメージとはだいぶ異なる、石造りの重厚な店構えです。よく見ると、建物の上の方に「伊保商店」という店名が直接彫られています。なんでも大正時代に創業されたかなりの老舗なんです。

「お忙しいところ、まことにすみません。……ホジってどこに置いてありますか？」

50歳前後の店員さんに怪訝な顔をされたので、ことさら丁寧にもう一度尋ねてみた。

「ホジって、一つおいくらですか？」

大きく頷いた店員さん。どうやらここの店主だったようで、事情を理解されたみたいです。

「あなた、角館の方ではないですよね」

「はい——東京から来ました」

「あのですね、ホジというのはね、モノではないんですよ。みんなが面白がって、あなたをここに寄越《よこ》したんだろうけど……」

まんまと角館人の罠にかかって、イオヤでアホ面を晒している僕こそがまさに、「ホジねぐなった？」状態だったのです。

きっと僕が帰った後、イオヤの皆さんは、「ホントにウチの店にホジを買いに来た客がいた！」と、大笑いされたに違いありません。

大恥をかいたのはたしかですが、角館ではこれ以上ない鉄板ネタでして、ライブで話すとめちゃくちゃ盛り上がります。ただ一言、「イオヤにホジを買いに行ってきました」そう言うだけで、場内大爆笑になるんです。

高知県・高知市

人情設計、違法建築・沢田マンションの話

高知市のランドマークといえば、このマンションではないかと思います。高知駅からJRでひと駅、薊野《あぞうの》にある名物建築です。

その名を、沢田マンションといいます。

地下1階、地上5階建て。47年前に沢田嘉農《かのう》さんと裕江《ひろえ》さんご夫妻が建てた、傍目《はため》にも違法建築感満載の、不思議なマンションです。その後も増築に増築を重ね、今や戸数は70を超えるのですが――なんとお二方とも、一級建築士の資格を所持しておられません。

違法建築といえば、2015年、大手建設会社のデータ改ざんが次々に発覚した事件が記憶に新しいところです。しかし、このご夫妻、「無免許」であることをいっさい秘密にせず、誰に尋ねられても悪びれることなく、**「そんなの持っちょらんき」**と、じつにあっけらかんと答えるのです。

つまり、容疑とか疑いというレベルではなく、明らかに違法建築なのです。しかし、もっと不思議なことにこの沢田マンション、一室も空きがないどころか、入居待ちの人が大勢い

るのです。

この時代、誰もが耐震性には最も気を使うはず……。それなのに、無免許の人が建てたこの建物になぜ入居者が殺到するのか——。

百聞は一見にしかず。さっそく、件のマンションを訪ねました。まず、ビックリしたのが、入り口にあるスロープ。

このスロープ、マンションの3階まで延びているのですが、そのまま車で上がっていけるんです。つまり、3階の住人は、マンションなのに、自宅の玄関先に車を横づけできるわけです。おかしくないですか？　ちなみに、住人たちが自発的に年に1回開催している「沢田マンション祭り」では、**このスロープで流しそうめん**をするそうです。

実際にスロープを上がっていくと、各階の廊下に出るのですが、そこで不思議な感覚を覚えました。すぐにはわからなかったのですが、その違和感の正体に気づいて、ビックリしました。

なんと、各部屋の**玄関が一面ガラス張りで、みんなスケルトン**になっているのです。つまり、室内が外から丸見えなのです。ラブホテルのバスルームじゃあるまいし……プライベートもくそもありません。

またあるお宅のガラス戸には、各種カクテルの名前と値段が書いた貼り紙がありました。

なんと、ここの住人、自宅でバーを経営しているのです。あくまでもマンションの一室ですよ？

後で知ったのですが、住民たちが出入りに利用しているスケルトンの玄関は実は窓で、本当の玄関は廊下の反対側にありました。つまり僕が廊下だと思っていた、住人たちの動線は、実はベランダだったのです。ベランダに隣家との境界がないので、近くて便利だからという理由で、住人はみな、他人のベランダを無断で横断しているのです。

さらにスロープを上がり、3階に到達した僕の視界に飛び込んできたのは、なんと、池。マンションの中に、庭園と人工の池があるんです。数年前までは、みんなここで**ブラックバスを釣っていたら**しいです。

地下1階、地上5階建ての沢田マンション。

そして4階に上がると、今度は製材所。目の前に丸太が山積みになっています。この製材所、実際に稼働中でして、毎日マンションの中で電動のこぎりの音が鳴り響いています。

さらに上がっていくと、最後は屋上。ここには、沢田マンションのシンボル、クレーンがそびえ立っています。なんで屋上にクレーンかって？　そう、じつは4階の製材所で加工した木材は、沢田マンションの増改築用の建築資材として使われておりまして、かつてはこのクレーンを使って運んでいたそうです。自給自足のマンションなんて、初めて聞きました……。

これが、沢田マンションが、**高知のサグラダ・ファミリア**といわれるゆえんです。ちなみにこのクレーンも手作りで、これまでに2回ほど折れたそうです……。

ここまでご紹介しただけでも、かなり異様な建築物だということは、おわかりいただけたかと思います。しかし、まだこれでは終わりません。この沢田マンションには、地下があります。

ここは、駐車場になっているのですが、じつは高知県内で地下駐車場を備えたマンションは、ここが初めてだそうです。素人建築なのに……。停められた車の列を抜けて、さらに奥に進むと、謎の扉があります。開けてみるとそこには大きな穴が。これはマンションの基礎工事の時に地下の岩盤まで掘った跡だそうです。工事に手を抜いていないのはよくわかりましたが、謎なのがその扉。よく見るとなぜか「浴室」のプレートがついているんです。間違いなく、使い回しです……。

聞くところによると、オーナーの沢田さんご家族は、どうやらマンションの5階に住んでいるらしい。

つまり、そこが沢田マンションの本丸です。沢田さんに会うために5階を訪れると、まず目に飛び込んできたのは、だだっ広い屋上農園。マンションだけじゃない。沢田さん、食べ物も自給自足してるんです。

沢田さんの住む自宅は、その奥にありました。訪ねると、残念ながら、ご主人の沢田嘉農さんは2003年に亡くなっていました。現在は、奥様の裕江さん、娘さん、お婿さん、お孫さんたちの3世代で暮らしておられます。まず、聞

屋上には、真っ赤なクレーンがそびえ立つ。

きたかったのが、手造りでマンションを建てたきっかけでした。

まさに肝っ玉母さんといった風貌の裕江さんですが、その返答が、また不思議でして……。

「ウチの旦那の嘉農は、昔、製材の仕事をしていたの。家は、もともと一本の木からできているでしょ。だから、木に詳しくなったら、自然と家の造り方がわかっちゃったらしいの」

「は?」

「ね。わかっちゃったら、造るしかないでしょ。それで、造ったら今度は住みたいという人が出てきてね……だったら、住まわせてあげたいって思うでしょ?」

「いやいや……でも、建てる前にどうして建築士の資格を取ろうと思わなかったんですか?」

「だって、資格を取ったら、**規制に縛られて自由に造れないじゃないの**」

確信犯かい! それはともかく、一番聞きたかったのが、耐震性のことです。無免許の建築士が建てたマンションが、この地震大国日本で耐えられるものなのか。

「あのねえ。みんな肩書きばかりにこだわるけど、一級建築士の資格を持っていたって、手を抜いて建てたら同じでしょ。姉歯マンションにしても、北陸のおばさんにしても、結局、手を抜いたってことじゃない」

「それはそうですけど……」

「あの人たちがなぜ、手を抜いたかわかる？」

　裕江さんから逆に問いかけられました。

「それはね、自分がそこに住まないからよ。私たちはここに、皆さんと一緒に住んでいるの。子供や孫と一緒によ。自分たちが住むのに、しっかりしていない建物を建てると思う？」

　単純明快、お見事な回答でした。

「なるほど、じゃあ、この沢田マンションは地震が来ても、絶対大丈夫ですね」

「――それは、わからんき。地震が来てみないと」

　なんやそれ！　それはともかく、高知県の役所も、普通の耐震基準をクリアしたビルと、沢田マンションのどちらが頑丈なのかはわからないと言っているそうです。ただ、裕江さん、これだけは確信を持って断言していました。

屋上農園の奥にあるのが、オーナー沢田家の住居スペース。

「近所のジャスコよりは、私のマンションの方が強い！」

その根拠は、ジャスコは鉄骨は使っているけど、壁の強度を高めていないからだと言うのです。

「その点、うちは練り込み式の壁を使っているから強いのよ」

素人の僕にはジャスコの壁と練り込み式の壁の違いはわかりませんが——沢田マンションが構造物として頑丈なのはわかりました。

しかし、賃貸物件としての、沢田マンションの価値はどうなのか。

この不況の折、沢田マンションには70世帯以上の方々がお住まいになっており、空き室はありません。間取りは、6畳にキッチン・バス・トイレ付きで3万8000円。高知県でもかなり安い家賃設定ではありますが、さらに驚くのは、ワケあり入居者の場合は、さらなる家賃交渉も可能なんです。

「だって、ない者からは取れないでしょ」

つまり、家賃は裕江さんのさじ加減一つ。「あんた可哀想やから、2万でいいわ」みたいなことも、ままあるのだそうで。今どき、こんな人情に厚い大家さんがいるでしょうか。

「ちなみに、設計図はどんなふうになってるんですか」

「そんなものはないわよ。だって、設計図はお父さんの頭の中にあるんだから」

じつはこの言葉、僕は何度も聞き覚えがあるんです。

その言葉の主は、ワハハ本舗の社長、演出家の喰始。公演前になると、なかなか上がらない台本に、焦った団員たちが社長に詰め寄ることがしばしばあります。そんな時、社長は必ずこう言うんです。

「私の頭がわかっています」

天才には相通じるものがあるのか？　しかし、お父さんの頭の中の設計図をもとにして建てられたこの沢田マンション。物件としては、ちょいちょいポカがあるそうなのです。

まず、沢田さんご家族がお住まいになっている5階の自宅。完成直後、へとへとの体を癒やそうと思って、服を脱いで初めて気づいたそうです。

「お風呂、造り忘れた！」

また、スロープを歩いて上るより楽だろうと思って、リフトを増設した時のこと。試運転で1階から乗ってみたら、途中の2階から4階は、止まらなかったそうです……。そんな凡ミスが目白押しなんです。

さらに住民の話を聞いてみると、各部屋にもいろいろ不備があるそうで……。トイレの鍵が、外からしかかけられない部屋。用を足す時は、いつも中からドアノブを握っていなければなりません。

またある部屋の換気扇の羽根は逆向きについていて、回すと「ヒュー」という音とともに外気が入ってきます。

ある部屋に案内されて見せられたのは、天井を這《は》う剝き出しの配管でした。これ、上の階のトイレの配管なんです。だから、上の住人がトイレを使うと、ゴッ、ゴゴゴゴッ。そこを流れる排泄物の音がもろに聞こえるのです。

しかしそんな建物の不備を、住民の皆さんは笑いながら話してくださるのです。

「せっかく沢田マンションに住んでいるのに、普通の部屋だったらつまらないじゃない」

住民は、ここに引っ越すとまず、自分の部屋の不便さを自慢し合うそうです……。

そしてこの沢田マンション、なんと宿泊施設が完備されているのです。一泊3500円。たったそれだけで、夢の沢田マンションライフを味わえると聞いて、僕は裕江さんに思わず言いました。

「今晩、泊めていただけますか？」

「シングルですか？　トリプルですか？」

トリプルもあんのかい！　でも、この日は無難にシングルをチョイスしました。

さあ、この部屋ではどんな不便が僕を迎えてくれるのか。期待感いっぱいで探してみましたが、さすがはゲストルーム。至れり尽くせりなんです。

シングルなのに13畳の広さがあり、もちろんベッドもあるし、バス・トイレもあります。泊まったのは、2月の寒い日だったのですが、暖房対策も抜かりはありません。ちゃんとエアコンも完備されています。さらに電気ストーブもあります。あげくは、囲炉裏《いろり》もあるんです。いや、どんだけあったためる気やねん！

しかしここは沢田マンション。欠点はあります。皆さん思い出してください——全ての部屋の入り口（本当は窓）が、スケルトンだということを……。実際に泊まってみたら、人が外を通るたびに気になって、気になって……なかなか眠れない夜を過ごしました。

翌朝、宿泊のお礼を言いがてら、ふと浮かんだ疑問を裕江さんに聞いてみました。入居希望者が引きも切らない沢田マンションが、なぜわざわざ、ゲストルーム用に部屋を空けているのか？　聞けば、そこには温かい人情秘話があったのです。

20年前のこと（当時）。この部屋では、6人家族が幸せに生活をしていたそうです。

しかし、お父さんの不貞をきっかけに両親が離婚することになり、家族はバラバラになってしまいました。4人兄妹の下の二人が母親と鹿児島の実家へ戻り、上の二人は父方の祖父に引き取られることになったのです。

しかしある日、祖父に引き取られた一番上の小学校4年生の男の子が、家族6人幸せに暮らしていたこの部屋の匂いを求めて、一人でやってきたのです。その小さな姿をあまりにも不憫に思った裕江さん、ご飯を食べさせてあげた後、こう言ったそうです。

「泊まっていっていいよ」

それ以降、その男の子が時々やってくるようになり、結局、裕江さんは彼がいつ来てもいいようにその部屋を当時のまま、残しておくことにしたのです。

そして8年が過ぎ、高校3年生になった男の子が、裕江さんを訪ねてきたそうです。

「母親のいる鹿児島に行くことにしました」

それ以来、男の子が沢田マンションに来ることはなくなったそうで、以降は、旅人を泊める施設にしたそうです。

「家は安らぎの場なのよ。でも今の人たちは、独りになることが安らぎだと思っている。一理あるかもしれないけど、それはまだ本当の寂しさを知らないからよ。自分の居場所がなかったり、親に捨てられたり、究極の孤独を味わった時に救ってくれる本当の安らぎは、人との関わりの中にあると思うの。だから、ベランダにも仕切りを作ってないの」

実際、育児ノイローゼ寸前の母親にマンションの住民が気づいて、大事にいたらなかったこともあるそうです。建築士の資格はなくても、沢田さんご夫婦は「一級思いやり資格」は取得していたのです……。

さて、この違法建築丸出しの沢田マンション。高知市役所の見解はどうなっているのでしょうか。法整備前のアバウトな状況下で、知らないうちにできた建物だし、今や70世帯もの住民も住んでいる。それを取り壊すわけにもいかないから、仕方がない。しかし近年、建築法も改正されたので、これからは増築など、新たに手を加えることはいっさい許さない。非公式にではありますが、そういうお達しがあったそうです。

そこで、僕の頭の中に新たな疑問が生まれました。

先ほどご紹介した、沢田さんのご自宅の前にある屋上農園の畑の中に、数本の白い柱が立っているのです……。初めて訪れた時から、気にはなっていたのですが。

「えっ、あんた気づいたの？」

どうやら、畑の上に、宴会場を造る予定だそうです。そしてさらに！　宴会場の上に、新たに空中農園を造る計画もあるそうです……。

「いや、それって増築ですよね？」

すると裕江さんは言うのです。市の言っていることもよくわかる。もうそろそろ、潮時だなあと思っている。しかも、13年前（当時）に亡くなった嘉農さんが、建築士になりたいと言っているお孫さんにこんな遺言を残していたそうです。「お前は資格取れよ」と……。

そんな嘉農さんが、亡くなる４日前まで手がけていたのが、屋上に空中農園のある宴会場の建築だったのです。

「これだけは、なにがなんでもやり遂げなければならないの！」

そんな理由で、市役所の目を盗みながら、こっそり増築しようとしているのです。

お婿さんも熱く語っていました。

「お義母《かあ》さんや、今は亡きお義父《とう》さんのためにもやり遂げなければ！」

嘉農イズムは、血の繋がりのない娘婿にまで浸透し、一枚岩に結束しているんです。

このお婿さん、市役所の目をくらます秘策を、僕にこっそり教えてくれました。２階の廊下には住人の美大生の女の子が描いた沢田マンションの全景の絵が飾られているのですが、その彼女に、沢田マンションの実物大の絵を描いてもらうという作戦だそうで……。

「それでカバーを作ってマンション全体を覆い隠して、その裏で工事を続けるんです！」

お婿さん、真顔でそう言うんです。

「それは無理や！」

「いや、彼女の描く絵は上手なんですよ〜。絶対大丈夫！」

高知でライブをする時には、いつもこの沢田マンションの話をさせていただくので、いつも裕江さんをお誘いするのですが、なかなか都合が合わず、まだ来ていただけてはいません。

それなのに、わざわざご祝儀を包んでくださり、こうおっしゃるのです。

「男なら枠からはみ出して、好きなことを思いっきりやりなさい！」

大きく枠をはみ出している裕江さんの、説得力ある言葉です。

「ウチの旦那、嘉農は44歳で沢田マンションを建てた。あなたにはまだ時間がある。頑張りなさい」

以前テレビに出た時も、我がことのように喜んでくれました。

「沢田マンションに来た芸能人は、みんなブレイクするジンクスがあるのよ」

「本当ですか！　他にどんな方が？」

「桂小枝さん！」

「そ、そうですか」

最後に、沢田マンションの最新情報をご報告させていただきます。お婿さんに電話で聞いてみました。

「カモフラージュ増築の話はどうなりました？」

「ああ、あれね……よく考えると、やっぱり絵じゃ無理ですね」

当たり前や！　しかし、沢田マンションのパイオニア魂は揺るがないんです。

「その代わりに、地下に多目的ホールを造りました」

週末には、若者を集めてライブをやったりしているのだそうです。

それならば……お願いするしかない！　コラアゲンはいごうまん、次回の高知ライブの会場はこの「沢田マンション地下多目的ホール」に決定しました！

さすがにその後は一切増築していないそうですが、その代わりにお孫さんたちが嘉農さんの遺言どおり、資格取得にまい進されています。

以上、現代の人情長屋、沢田マンション物語でした。

兵庫県・加古川市

場末のハンバーガーショップの話

　神戸から岡山方面に向けて電車で1時間ほど。兵庫県加古川市内に、地元の人なら誰もが知っている迷店があります。その名も「ピープル」。

　蔦《つた》まみれのこの建物、決して廃屋ではありません。こう見えて「ピープル」は、ハンバーガーショップなんです。地元の人によれば、こんな珍妙なお店なのに、みんなが子供の頃からずっと営業していて、決して潰れない。なんとも不思議なお店なんです。

　もちろん個人経営のお店なので、ハンバーガーショップとはいえ、フランチャイズ展開されているわけではありません。それなのに、なぜか看板には**「ピープル　加古川店」**の文字が……。他のピープルは、どこにあんねん……。

　この「ピープル」、ご夫婦で経営されているお店なんですが、営業時間は昼の11時半から深夜3時まで。家族経営なのに、なんでこんな遅くまでやってるんでしょうか。

　つまりいわゆるチェーン店のハンバーガーショップとは、一線を画する要素だらけなんです。

中に入ると、手書きのメニュー表がズラリと貼られています。近づいてそのメニューをじっくり見ると、白い紙の裏の「広告の品」という文字がうっすら透けている……。どうやら、新聞の折り込みチラシの裏面を利用したメニューなんです。

「ピープル」には「げんきくん」という名物メニューがあると聞いていたので、さっそく注文してみました。

すると出てきたのが、半分に切った茹《ゆ》で卵。上にはマヨネーズが載っています。これが名物メニュー？　ただの卵やん……。まあ、それは良しとしましょう。でも、金額を確かめようと思ってあらためてメニューを見ると、そこには「きんげくん」と書かれているではないですか。そしてその横に小さな文字で「まちがい」とフォローの文字も……。名物メニューなのに、名前を書き間違えてるんです。

「げんきくん」には、上級ランクが存在します。カラシを追加すると「スーパーげんきくん」にグレードアップするのです。ちなみに価格は50円でした。

フライドポテトにも、不思議な表示を見つけました。

大もり（あげたて）３００円

大（あげたて）２００円

小　１３０円

不思議に思った僕は、お店のお母さんに聞きました。

「お母さん、フライドポテトの『大もり』と『大』の違いは何なんですか？」

「大は大で、大もりはもっと大なのよ」

ツッコミどころはそれだけではありません。

「大もり」と「大」には赤字で（あげたて）と書いてあるのに、なぜ「小」にだけ書かれていないのか。

「お母さん、『小』は揚げたてじゃないの？」

邪魔くさそうに、それでも大衆食堂の女将さんって言葉がピッタリのお母さんは答えてくれた。

「ああ、あるものをまとめて、しのいでいるのよ……。私はちゃんとその都度揚げるけど、旦那は邪魔くさがってねえ」

一面、蔦に覆われていますが、ハンバーガー店です。

一見さんの僕にまで内情を暴露してくれるお母さんに、がぜん興味をそそられました。

さらに、このお店のメニューにはソフトクリームもあるんですが、そこにはこんなセールスポイントが添えられているんです。

〝毎日食べても太らない〟

ホンマかあ？　そう思ったので、お母さんを呼び止めて尋ねると、その人は自信満々に言いました。

「太るよ」

「は？　なんでそんなこと言うんですか」

「あんたが聞くから答えただけよ。毎日食べたら太るに決まっているじゃないの」

「だったらなんでメニューに太らないって書いちゃったんですか？」

「なんででも！」

店内には、広告の裏を利用したメニューがびっしり。

さて、先ほど、深夜3時まで営業していると書きましたが、さらに驚いたのは、その後に書き足された但し書きでした。

〝お客様の都合により延長あり〟

不思議で仕方がない……。店の都合で閉店時間が早まることがある、という但し書きは時々目にします。また、長居する客のせいで、やむなく閉店時間がずれ込むこともあるでしょう。しかし、はなから客の都合で時間を延長します、と謳っている店なんて聞いたことがありません。

しかし、この「ピープル」。メニューをよくよく見てみると「100円シリーズ」というのがありまして、

マヨネバーガー　100円
ハンバーガー　100円
ソースバーガー　100円

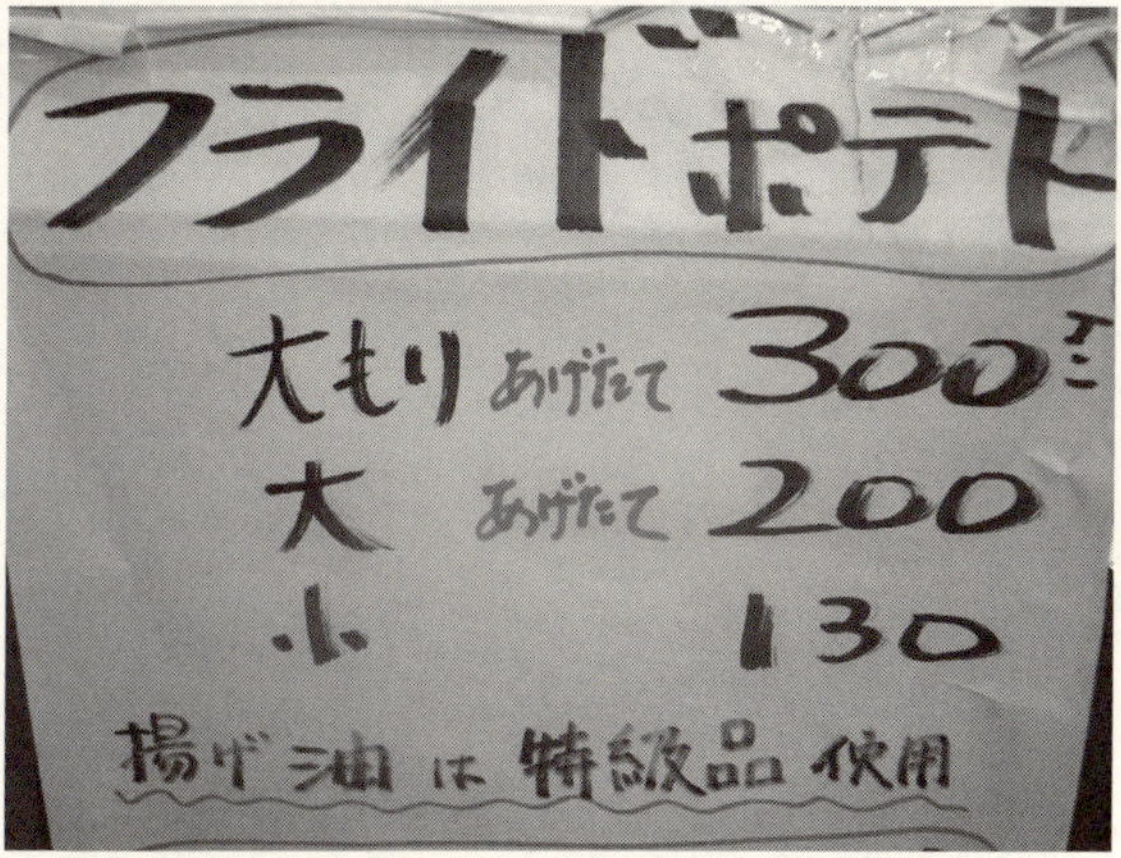

フライドポテトのメニュー。なぜ大中小じゃないのか……。

ミックスバーガー　100円

どれもこれも、100円。とにかく安いんです。しかし、これまた不思議なことだらけ。オーソドックスなハンバーガーよりも、なぜかマヨネバーガーなる謎の品が先に記されているし、何かがプラスされているはずのミックスバーガーが、なぜシンプルなハンバーガーと同じ100円なのか。なんでなんや……。

他のメニューを見ると、ちょっと高いハンバーガーでも150円。まあとにかく、めちゃくちゃ安いのは間違いありません。

まずはと思い、オーソドックスな100円のハンバーガーを注文してみました。味に関していえば——正直、普通としか表現できません。不味《まず》くもないし、それほど旨いということもない。コストパフォーマンスを考えれば、十二分に満足はできますが、まったく普通の味でした……。

お客さんが少なくなるのを見計らって、お店を始めたきっかけをお母さんに尋ねてみました。

お母さんいわく、そもそもはサラリーマンだったお父さんが、子供を育てるために収入アップを目論んで、脱サラしようと思ったのがきっかけだったそうで——。

話は47年前にさかのぼります。

さて、どんな商売を始めようか……。なんとはなしにテレビを見ていたら、ちょうど銀座の三越に、マクドナルドが1号店を開店したというニュースが流れていたそうです。なんでも、連日長蛇の列ができているという。

「これだ！　これからはハンバーガーの時代が来る」

そう思ったお父さん。知り合いや伝手《つて》を頼って、ハンバーガーの作り方をいろいろ調べたそうです。

そして、いざ開店準備にかかると、ある大手ハンバーガーチェーン店から、フランチャイズ契約をしませんかと持ちかけられました。開店資金や、経営のノウハウのことを考えれば、渡りに船のはず。でもお父さんはその申し出を断ったのです。

「フランチャイズの契約料を支払うために、その分の価格を上乗せしてお客さんに提供することになるやないか」

今では信じられないことですが、昭和46年当時、ハンバーガーは高級食品だったのです。そのことが、お父さんには納得できなかった。低価格にして、気軽にお客さんに食べてもらいたい。

お父さんがそう思うのには、理由がありました。かつて自分の父親の会社が倒産して、行きたい学校にも行けなかったそうです。働いた給料は家に入れ、食べるものや、お金に苦労した人だったんです。だから、少しでも安く美味しいものを！　それがお父さんの信念なのです。

ここ加古川にハンバーガーショップ「ピープル」を開いて45年。開店当時から、なんと一度も価格改定していないのだそうです。

「ピープル」のすごいところはまだあります。休みは元日1日のみ。70歳を超えた、お父さんとお母さんが、たった二人で年間３６４日、店を開けているのです。心配になって尋ねました。

「お母さん、そんなに働いて、体は大丈夫なんですか？」

「まあねえ……学生の頃から来てくれてた女の子たちが、母親になって、子供を連れてきてくれたりするのが嬉しくてねえ」

そういうお客さんはみな、自分が学校帰りに食べていた思い出のハンバーガーを息子や娘に食べさせながら、決まってこう言うそうです。

「どうや、不味いやろ！」

「まあ、そんな一言多い奴ばっかりやけど、顔見せてくれるのが嬉しいんよ。商売人冥利に尽きる」

嬉しそうに語ってくれたお父さんのその顔――。

「45年、ずっとこの価格でやってきたけど、消費税が導入されて、その消費税もどんどん上がるし、正直いっぱいいっぱいで苦しい。でも、孫を連れて、3世代で食べに来てくれるお客さんもいてる。そんな常連さんのおかげで、私ら老夫婦二人が食べるだけなら、今のままでもなんとかなるしねぇ」

お金儲けじゃないんです。懐かしんで来てくれるお客さんとの繋がりが、老夫婦がお店を続ける理由なんです。

そんなご夫婦を見ていると、自分にも少し重なることがあります。

今、自己負担で全国を回っている僕が、関西でライブをさせていただく時があります。その主催者のほとんどは、僕が関西で芸人をやっていた頃に中学生・高校生だった、ファンの人たちなんです。彼らが社会人になって、一生懸命稼いだ大切なお金で場所を確保し、お客さんを集めてくれています。

メディアから見放された僕がいまだに芸人を続けられるのは、こんな人たちの応援があるからなんです。

「下積みっていうのは絶対人生の糧になるから、頑張りや。気休めに、絶対売れるなんておばちゃんには言えんけど……。売れようが売れまいが、あんたはやらなあかん。あんたはコレしかないってものを持ってる人やと思う。頑張りや」

お母さん、そう言って僕の手を引っ張り厨房の奥へ招き入れてくれました。そして、壁に貼られた一枚の紙を見せてくれたんです。

〝この道より、我生かす道なし、我この道を行く〟

その黄ばんだ紙には、そう書かれてありました。

「私たちもこうやって生きてきたんや。その道が谷底に向かっているとわかっていても行くんやで」

こんなにインパクトの強い「ピープル」だから、テレビや雑誌にもさんざん取り上げられているはず。そう思って聞いてみたら、これまであまた取材の依頼はあったけれど、一度も応じたことはなかったそうです。

「新聞やテレビに取り上げられたら、客は増えるかもしれん。でも、今までうちの店を愛して来てくれていたお客さんに、迷惑がかかる」

加古川出身の女優、上野樹里さんの思い出の店として紹介するために、あの、「情熱大陸」のスタッフが取材に来た時も、**情熱大陸以上の情熱で、取材班を追い返した**そうです。

そんな取材拒否の店にもかかわらず——お母さん、こう言ってくれたのです。

「あんた、この話、語りたいんやろ。ええよ、あんたやったらええわ、喋りぃ……写真かて、何ぼ撮ってもかまへん。見たまんまの店や」

お母さんはそう言ってお土産にフライドポテトを持たせてくれました。めちゃめちゃ感激しました。でも、これだけは一応確認しておかないと……。

「お母さん、コレ――いつ揚げました？」

「しのいでない！　ちゃんと今揚げたッ！」

その翌日の夜、どうしても確認したいことがあって、もう一度「ピープル」を訪ねました。それは、普通のハンバーガーと同じ価格の、ミックスバーガーのことです。なぜ、ミックスバーガーが、普通のハンバーガーと同じ価格なのか？

満を持してお母さんに注文すると、出てきたのは、パッと見、昨日食べたハンバーガーとまったく変わりがありません。しかし、そのバンズを剝がして驚きました。

バンズの中に隠されていたのは、**半分に切ったハンバーグと、半分に切った茹で卵**だったんです！

ハーフ＆ハーフ？　恐るべし「ピープル」……。そら、情熱大陸もクソ食らえです。

答えはわかりきっていましたが、あえて聞きました。

「お母さん、どうして半分ずつなの？」

「なんででも！」

加古川にお越しの際は、ぜひ「ピープル」のミックスバーガーを味わってください。

【追記】

お客さんを愛し、お客さんに愛された「ピープル」は2016年、その幕を閉じました。しかし、2018年に加古川でやった独演会にピープルのお父さんが来てくれました。今もお世話になりっぱなしです。

ショート・ミッション⑦　富山県・八尾町

やたらと吠えるコータロー

　今回は、事務所の大先輩、柴田理恵さんの故郷である、「おわら風の盆」で有名な越中富山、八尾《やつお》での体験談です。

　ネタのきっかけをくれたのは、柴田さんの同級生で、地元で教師をしている方です。

　柴田理恵の後輩芸人がネタに困っていると聞き、教師という立場を利用して、なんと、ホームルームの時間に身近で疑問に思っていることや困ったことのアンケートを取ってくれたのです。

　先生いわく、その中に興味深い相談ごとがあったそうで――。

「毎日、1時間かけて自転車で学校に通っている生徒がいるんですが、ある家の前を通る時に、必ずその飼い犬に吠えられるそうなんです」

「犬ですからね、吠えて当たり前やないんですか？」

「いや、彼が言うには、明らかに彼だけをターゲットにして吠えるんだそうです！」

「で？」

「なんとかしてやってもらえませんか？」

「いやいや、僕の犬じゃないですし……」

「他の人には吠えないそうなんです。なぜ彼だけが――」

まあ、百聞は一見にしかずです。まずは現場に行ってみることにしました。

住所を聞くと、公共交通機関が近くにない場所だったので、駅前で観光用のレンタル自転車を借り、数十分の道のりをひたすらペダルを漕《こ》ぎ続けました。目的地のお宅の玄関に到着するや――、

「ワンワンワンワン！」

僕は不運を引き寄せる運を持っています。着くや否や僕も食い殺されるかのごとく吠えられました。この犬の敵はたった今、高校生の彼と僕の二人になったのです。

親の敵のように、僕に向かって吠えまくるこの犬の名前は、コータロー君。年齢は7歳。猛犬を想像していた僕の期待を裏切り、可愛らしいコーギーなんです。

番犬の役目を全身全霊で果たす彼を横目に、飼い主さんの家のチャイムを鳴らしました。

「あの～すみません。どうして、僕は吠えられるんですか？」

「は？」

閉められそうになるドアをなんとか止め、まずは、訪問の事情を詳しく説明しました。

しかし、飼い主さんは、僕の話に首を傾げるばかり。なぜなら今まで、コータロー君が人に対して、吠えるのを見たことがないのだそうです。

コータロー君の小屋はガレージの脇にあります。来客が車でコータロー君の横をかすめて駐車してもいっさい吠えないし、セールスマンが来ても、我関せずだそうで——。

「疑っているわけじゃないんだけど……」

たしかに今は、おとなしく寝そべっています。

「おかしいなあ……ついさっきは、僕もギャンギャン吠えられましたよ」

しばし考え込んだ飼い主さん。

「あっ！　そういえば、以前、新聞配達のお兄さんに吠えかかるのを、一度だけ見たことがある」

第三の男の登場です。高校生、僕、新聞配達員……共通点が一つだけある！

「——チャリンコ、ですかね？」

犯人は、人間ではなく自転車だったのかもしれない。

「実験してみましょうか？」

飼い主さん、がぜん興味が湧いてきたようで、そう申し出てくれました。

まずは二つの仮説を立て、検証してみることにしました。

①コータロー君は、自転車を漕ぐ人に吠えるのか？
②コータロー君は、自転車そのものに吠えるのか？
僕はすでに自転車に乗った状態では、一度コータロー君に吠えられています。それでは、自転車を手で押しながら彼の前を通り過ぎたらどうなるのでしょうか。さっそく、彼の死角となる塀の外にいったん姿を隠し、実験を開始します。

検証の結果は——激しく吠えられました。正確なデータを取るために、コータロー君の興奮を飼い主さんに一度鎮めてもらってから、次の実験へ移ります。

「今度は自転車なしで歩いてみて」

僕に指示する飼い主さん。もうノリノリです。数分前には吠えまくっていたコータロー君。手ぶらで通り過ぎる僕には、甘えた声で近づいてきて、

「クゥ〜ン」

と、腹を見せて服従のポーズをするんです。

早くも、結論が出ました。コータロー君の天敵は、自転車！

僕が、一仕事終えた気分で、すっかり仲良くなったコータロー君とじゃれ合っていると、飼い主さんがぽつりと言いました。

「まだ、問題は解決してないですよね？」

そうだ……。原因がわかったはいいが、明日から高校生の彼はどうすればいいのだろうか……。そう思案しながら、飼い主さんに別れの挨拶を告げ、僕は自転車に跨《またが》りました。

「ワンワンワンワン！」

コ、コータロー君。さっきまで仲良くじゃれ合っていたやないか……。

調査結果を持って先生のもとへ。

「先生、彼にお伝えください、明日から君の取るべき道は三つあると。一つ目は、今まで通り吠えられるのを覚悟して自転車通学を続けること。二つ目は、コータロー君の前を避けて遠回りすること。三つ目は、自転車を諦めて、徒歩で通学すること——」

一年後、先生と再会した時、その後日談を聞きました。

自転車嫌いのコータロー君。

「いろいろ考えたらしいんですが……彼、バス通学に変えたそうです」

第四の選択もあったんや……。

東京都・港区

JT公認？　オリジナル禁煙アイテムを開発した話

突然のご報告ですが、22年間吸っていた煙草をやめました。

僕が禁煙をしたきっかけは、いつものごとく喰始社長の指令だったわけですが、ヘビースモーカーだった僕は、今回ばかりは断固拒否の姿勢を見せました。しかし、いくらゴネても喰社長は耳を貸しません。

「いいですか。ライブまでの一カ月間、もし、私との約束を破って――」

「いつ、僕が約束したんですか！」

「一本でも煙草を吸ったら、君に罰を与えます」

そう言って突きつけた罰が、僕にとって何より辛いペナルティーだったんです。

「ひと月の間、一本でも煙草を吸ったら**1週間、オナニーを禁止します！**」

――すっぱり禁煙できました。

こんなことを書くのはどうかと思いますが、僕、オナニーが大好きなんです。オナニーがライフラインなんです。だから、それを断たれたら生きていけません。

つまり、禁煙と禁欲の二択を迫られたわけです。煙草は吸いたい、オナニーもしたい。さらにいえばオナニーの後の一服は、何ものにも代えがたい。究極の選択を迫られた僕は1カ月限定なら仕方ないと割り切って、なんとかライブまでの禁煙を決心したわけです。

しかし、これでいいのか？　オナニー禁止と言われて、禁煙しました。こんな薄い内容で終わっていいわけがない——。

禁煙について調べてみると、区の保健所が主催する「禁煙教室」があるとわかりました。しかし僕が住んでいる杉並区では残念ながら開催されておらず、都内で禁煙教室を開いているところに片っ端から問い合わせてみたのですが、区民以外は参加できないと、全部断られてしまいました。

しかし、ダメ元で、某県のある保健所に電話した時のことです。

「禁煙されて、どれぐらいですか？」

若い女性の慈愛に満ちた声が返ってきました。

「今日で1週間になります」

「一番辛い時じゃないですか。ここまでよく頑張りましたね。わかりました、明後日の禁煙教室にお越しください」

厳密にいえばルール違反なので、具体的な保健所名はここでは記せませんが、親切な所員の許らいで禁煙教室に参加することができたのです。

会場に到着すると、20代くらいのカウンセラーの女性職員が3名、受講者は僕を含め禁煙格闘中のオッサンが3名。全部で6名の少数精鋭態勢です。

癌になるリスク、肺気腫など肺への悪影響など、簡単な煙草の害についての説明の後、参加者同士のディスカッションに入りました。

参加者の自己紹介の後、若い女性カウンセラーの方が、初参加の僕に質問しました。

「あなたは、どうして禁煙しようと思ったのですか？」

正直に言いました……。

「僕はワハハ本舗で芸人をしています。煙草が大好きで本当は禁煙なんてしたくないんです。でも、社長命令で禁煙ネタをライブで語るために——自分の意思とはまったく関係なく——無理やり煙草を奪われました」

今まで1週間、禁煙が続いている理由も、洗いざらい伝えました。

「社長は、僕から煙草かオナニーか、どちらか選べと言うんです！」

女性カウンセラーさんは、驚いた様子で言いました。

「肉を切らせて骨を断つ！　ですね」

その女性カウンセラーさん、オナニー禁止に妙に関心を持たれたようで、しきりに頷きながら言うのです。

「そっか、そっか、癌になるとか怖い話ばかりを言ってもダメなんだ。**その人から一番大切なモノを奪えばいいんだ**」

いやいや、一番大切なモノって……。その方曰く、僕のように喫煙キャリア22年、一日3箱も吸っていた人間が他人から言われて禁煙を始め、それが一週間も続くなんて奇跡に近いらしいのです。

「社長さん、いいところを突いておられますねぇ〜」

このカウンセラーさんたちは本当に全員いい方で、月1回の禁煙教室に越境で通うことを許してくださったのです。

さらに一週間が過ぎ、禁煙の辛さもピークになってくると、副流煙を求めて煙草を吸っている人に無意識で近づこうと彷徨《さまよ》い始める自分に気づきます。

どうしても、煙が吸いたい。

すると「禁煙草《きんえんそう》」という禁煙グッズを見つけました。煙草の形はしているのですが、中には無害の草が詰めてあって、それを吸うことで気を紛らわせようという品なんです。

こうなったら喰社長に直談判だ！

「どうしても煙が吸いたいんです！　禁煙草を吸うのもダメでしょうか？」

「煙草じゃないんだったらいいですよ、吸っても。でも、**どうせなら自分で作りなさい**」

「禁煙草を……自分で作る？」

どうやら、禁煙草を吸ったことのある人に聞いてみると、かなり不味いらしいんです。

「わざわざそんな不味いものを吸わなくても、これなら煙草をやめられるというくらい美味しいと思えるものを、自分で作ればいいじゃないですか」

喰社長、そう言って、あるアイデアを出してくれました。

「パセリをね、乾燥させるでしょ。それを細かく砕いて煙草みたいに吸うとね……**大麻のような味がするの**」

さすが、42年前に一度逮捕されているだけあって、説得力があります。

すると、隣で不良社長の発言を聞いていたワハハ本舗のナンバー2、村井経理部長がすかさず口をはさんできました。社長の不謹慎な発言をたしなめるのかと思いきや――。

「バナナの筋をやってみろ。もっと効くぞ！」

「いや、あれは効かないよ」

どんな会話や！　事務所の2トップが僕そっちのけで、危ない論争を始めました。

「薔薇の花がいいぞ」

「鳩の餌はどうだ？　麻の実が入っているだろ」

煙草の代用品の話からどんどん逸れていってます……。そんな団塊世代の不良オヤジたちは放っておいて、代用煙草初心者の僕は、まずパセリを試してみることにしました。

作業は、まずはパセリを乾燥させるところから始まります。さっそく事務所にパセリを持ち込んで、オーブントースターを使わせてもらうことにしました。しかし、なにせ初めてのことです。タイマーを何分にセットすればいいのか悩んでいると、また村井経理部長が一言。

「パセリは6分」

さらに村井経理部長、乾燥したパセリを僕からひったくるや、手の中で揉みほぐし始めました。そのテクニックがまた絶妙なんです……。待つこと数分、村井経理部長が広げた手の中には見事に粉々になったパセリが……。この人、いったい何者なんや？

次に、煙草から葉っぱをほじくり出して、フィルターと紙だけにします。そこへ煙草の葉っぱの代わりに、村井経理部長が仕上げた乾燥パセリを詰めて、代用煙草の完成です。

これで数週間ぶりの煙が吸える……震える手で一服つけてみました。

これが、思っていたよりイケるんです！

さすがに煙草の味とはだいぶ異なりますが、それなりに味わい深く感じました。

ただ、問題点が一つ。とにかく、臭《くさ》いんです。焚《た》き火に若草をくべたような臭《にお》いといったらいいでしょうか。事務所にその臭いが漂い始めるや、「外で吸ってください！」と、普段は煙草慣れしているスタッフからも、追い出される始末。

しかし、これで代用煙草の一銘柄目、「パセリ」はイケるとわかりました。

次は何に挑戦しようか……。今度は不良のオッサンではなく、「専門家」の意見を聞いてみたい、そう思ったらふとひらめきました。

日本たばこ産業株式会社、ＪＴがあるやないか！

ＪＴには「ブレンダー」という、毎日品質の管理と新製品開発のために、煙草を吸っている、いわば煙草のプロフェッショナルがいます。元は国営、お堅いイメージのＪＴですから、コラアゲンはいごうまんというふざけた芸名は伏せて、本名の森田で取材を始めました。

「煙草の代用品を作りたいのですが、煙草の葉の代わりに使うなら、どんな素材がいいでしょうか」

迷惑な問い合わせにも真摯《しんし》に対応してくださったのが、ＪＴ広報の松澤さんでした。

「我が社の事業内容の微妙なところに触れるお話ですので、申し訳ないのですが……」

松澤さんは、その理由を三つ挙げました。
①ブレンダーは皆スペシャリストで煙草のブレンドに誇りを持っている。そんな方々に今の質問をしたら、ふざけていると取られかねない。
②煙草の販売を事業とするＪＴが煙草の代用品について協力することは、自社事業の否定

に繋がりかねない。
③禁煙は苦しいものだというスタンスは、そもそもそんな苦痛を与えるものを我々が販売している、と認めることになりかねない。また仮に協力したとして、代用煙草の話をライブで聞いた方が、実際その代用品を試して何かあった時に責任が取れない。
おっしゃることはもっともです。しかし、僕もこのまま後へ引くわけにはいきません。

「なるほど、ブレンダーの方への取材は諦めます。そこで……JTの広報の立場を離れてですね、松澤さん個人の意見を聞かせてください」

受話器の向こうでしばらく考えていた松澤さんが、ポツリと呟《つぶや》きました。

「——茄子《なす》、ですかね」

聞けば、茄子にはもともと微量のニコチンが含まれているそうなのです。

「もし、乾燥させて吸ったとしたら、市販されてる銘柄でいえば、ニコチン摂取量はどれくらいになるんですか？」

「そんな実験は誰もやったことがありませんので、わかりません」

至極当然です……。社員の立場を離れて対応してくださった松澤さんにお礼を述べてから電話を切り、その足で近所の八百屋さんへ行きました。店頭に並ぶ茄子を目の前にして、新たな疑問が生まれました。茄子というのは、茄子の実なのか？　煙草にするから、茄子の葉っぱなのか？

「昨日はどうもありがとうございました。ワハハ本舗の森田です」

迷惑な話ですが、再び松澤さんに、個人としての意見を聞いてみました。

「そうですね……実にもニコチンは含まれてはいますが、葉っぱの方が間違いないのではないでしょうか」

「やっぱりそうですか。この前、パセリの葉で試したばかりなので、そうかなと思ってはいたのですが」

「えっ！」

何気なく言った僕の言葉に、松澤さんが敏感に反応しました。

「パセリ……試されたんですか？」

異様な食いつきなんです。

「で、お味はどうでした？」

今度は、僕が取材を受ける意外な展開に……。

「これが、案外旨いんですよ、ちょっと臭いんですけどね」

「ちゃんと火はつくんですか？」

「ええ、煙草よりも少し火の回りが早いかな、と思うくらいで。ちゃんと口から煙も出るんですよ」

気づけば、素人の僕が、煙草の専門家に喫煙のレクチャーをしていました。すると、松澤さんが神妙な声でこう言いました。

「あの〜ワハハ本舗の森田さんとおっしゃいましたけど……もしかしてコラアゲンはいごうまんさんじゃないですか？」

「ええっ！　なんで知ってはるんですか」

昨日松澤さんが、ワハハ本舗の森田という人からおかしな電話がかかってきたと同僚に話したら、その方にこう言われたそうなんです。

「ワハハの森田って、コラアゲンはいごうまんっていう、売れない芸人だよ」

売れないって……大きなお世話や！　それはともかく、その方、ワハハ本舗にやたら詳しい人だったんです。松澤さん、その同僚から僕のネタの話まで詳しく聞いていて、ちょっと電話で話しただけの関係なのに——すでに僕のファンになってくれてるんです。

「極道の事務所に寝泊まりさせられたり、地縛霊の前でもネタをやらされたり、元々吉本興業だった話も聞きました……そんな偉大な方とはつゆ知らず」

やたら褒めてくれる松澤さんに乗せられて、ついつい話が盛り上がってしまい、代用煙草はそっちのけで、長電話をしてしまいました。

「いやー、それにしてもいろんな取材をされているんですね。それでは、次はこんなテーマはどうですか？」

僕のネタ取材の提案まで……なんでも、WHO（世界保健機関）は、煙草だけじゃなく、アルコールにも規制をかけようとしているらしいんです。

「煙草もダメ、お酒もダメ、ジャンクフードもダメ――。規制でがんじがらめになって、大げさじゃなく、逆に命を削っている人もいますよね。次は、こんな人たちを取材してみたらどうですか？」

僕、お酒は飲めないのですが、ジャンクフードは大好きです。ありがたい申し出に検討を約束しました。

「コラアゲンさん、ちなみにこの禁煙の話は、いつライブで話すんですか？」

近日に迫ったライブの予定を話すと、「もちろん、行きます」と即答……ありがたいことです。そして会ったこともない僕のファンになってくれたことがあまりに嬉しくて、電話を切ったその足で、ライブのチケットを手に松澤さんを訪ねました。

辿り着いたのは、虎ノ門にそびえ立つガラス張りの立派なビル。初めて訪ねたJTの社屋は驚きの連続でした。

椅子の肘かけ一つ一つに灰皿が備えつけられている……。世間では分煙だ、喫煙ルームだとわずらわしい中、いたるところに灰皿が置いてあって、どこででも気兼ねなく、思いっきり煙草が吸えるんです。

じつは、僕がＪＴに来た理由は、チケットを渡すこと以外にもう一つありました。あんなに食いついてくれたパセリ煙草を松澤さんと一緒に吸いたい。そして、煙草のプロにパセリ煙草の感想を聞いてみたい――そう思ったのです。

目の前に現れた松澤さんはドリフターズの仲本工事さんそっくりの、眼鏡をかけた穏やかな印象の方でした。僕は満面の笑みを浮かべ、パセリ煙草を差し出しました。

「……こ、これがパセリ煙草ですか？」

個人的な興味なのか、仕事への情熱がそうさせるのか、眼鏡の奥の瞳が光っています。

「一服、いかがですか？」

「い、いいんですか？」

「いいに決まってますよ！　松澤さんと一服つけたくて持ってきたんじゃないですか！」

そして煙草の本丸・ＪＴの立派な応接室で、広報の松澤さんと二人でしっぽりと……パセリを吸いました。一服吸った松澤さん、目をカッと見開いて言いました。

「これ、イケる！　これ旨い。旨いけど……臭い！」

二服目を吸いつけ、

「う～ん、低タールだな、今流行りの低タール。マイルドセブンの仲間に、低タールのマイルドセブン・ワンって銘柄があるでしょ。これはね……実際にはそんな銘柄はないよ。実際にはないんだけど、あえて言うなら……セブンスターの低タール、セブンスター・1」

命名していただきました。新ブランド「セブンスター・1」！（ちなみにこの7年後の2014年4月から2017年12月までの期間、低タールのセブンスター・1が実際に発売されました。無論中身はパセリではありません）

しかし、さすがは煙草のプロです。松澤さん、自ら名づけたセブンスター・1をより良くしようとして、製作者である僕への風当たりがきつくなっていくんです。

「このままじゃダメだね……改良しなきゃ」

「たとえば？」

「葉っぱが、まだ緑でしょ、オーブントースターから出した後、2、3日は天日干ししてほしいな。煙草の葉っぱって茶色いでしょ、あそこまで乾燥させてほしい」

「なるほど……」

忘れないようにメモを取りつつ、続きを聞きます。

「それに葉の刻みがまだ粗い。細かく刻むからこそ、煙草はチリチリ上手く燃えるんですよ、わかってないな……」

「は、はあ……」

「ＪＴの煙草を見てよ。均一の味と燃え方にこだわって、キッチリ同じ大きさに刻んであるでしょう。この職人技見習ってほしいなあ」

もういいです……。そこまでしてパセリを吸いたくありませんから！

さて、無事ライブを終えた数日後。オナニーと引き換えの禁煙生活を終えた僕に、喰社長がねぎらいの言葉と新たなミッションを与えました。

「あなたはこれからも代用煙草の研究を続けて、その分野のスペシャリストになりなさい。ほうれん草、ブロッコリー、春の七草……。だってあなたは、ＪＴ公認なんだから！」

これで禁煙は終わりだ、やっと煙草が吸える。そう思っていたら――。

「それと、わかっていると思うけど、禁煙は一生だからね！」

静岡県・焼津市

高草山の巨大なクリスマスツリーの話

小さな街にはでっかい人情がある――。

ＳＫＥ48のおしりんこと、青木詩織ちゃんが、焼津《やいづ》市の親善大使に着任したことが話題になりましたが、僕、コラアゲンはいごうまんは焼津市の親善大使を10年間続けさせてもらっておりました！

焼津でお世話になっているのは僕だけではありません。ワハハ本舗全体がいつも公演を開かせてもらっています。今回は、その焼津の寒～い冬の温か～いお話です。

毎年、焼津市と藤枝市に跨る標高５０１・４メートルの高草山《たかくさやま》にクリスマス・イブの夜に1日だけ、クリスマスツリーを模した巨大なイルミネーションが灯ります。

地元では有名なイルミネーションですが、じつは、誰が何のために灯りを灯しているかは、意外に知られていません。

まずは手始めに市役所に聞き込みに向かいました。市役所でも高草山のクリスマスツリーのことは把握しており、おおよそのことはすぐにわかりました。

活動の中心となっているのは50代の杉崎さんという方で、元は銀行にお勤めだったそうです。市役所の職員の方がさっそく杉崎さんに連絡をしてくれまして、幸いにもその日のうちにご本人にお会いできました。

さかのぼること23年前、平成8年のこと。

当時、地元の東益津《ひがしましづ》中学校のPTAに所属していた杉崎さんが、卒業を控えた中学生に何かしてあげたいと、考えたのがきっかけでした。時期は冬。クリスマスのイルミネーションなんてどうだろうか？

思いつくのは簡単でした。しかし、ここからが大変です。もちろん、業者に頼む予算はありません。しかも銀行員の杉崎さん、電気のことはド素人です。

運よく同じPTAの中に、地元の高校で物理の教鞭をとっておられる方がいました。設計図はその方の協力を得て、さらに杉崎さんの思いに賛同する仲間が、一人増え、二人増え、数人のメンバーでツリーの製作に入ったのです。見栄えのいいように、電飾の数を算出し、それに必要な電力を計算。電球を購入し、電線をレンタルし、ツリーの枠を組み立てます。

いざ高草山にツリーを立てるその段になって、彼らは初めて気づきました。巨大すぎて、人力では動かせないことに――。

途方に暮れていると、土建業を営むPTAメンバーからクレーン車を提供してもいいと申し出があり、この難関をなんとか切り抜けることができました。

これで、高草山に巨大なイルミネーション・ツリーを建てる目処《めど》はつきました。最後の難問は、山の上に建てたツリーへ電気を送る方法です。

「山の麓《ふもと》から電線を延ばしてみては？」

「でも、麓の電気はどこから取ってくる？」

結局、電源は車のバッテリーを持ち込み、自家発電することでクリアしました。

それ以来、毎年、素人が手弁当で集まり、準備に何日もかけてイルミネーションを点灯させているのです。

平成8年に始まったことから「平八会」と名づけられたこのグループに、活動の危機が訪れたことが、一度だけありました。

平八会のリーダーだった杉崎さんは、毎年クリスマス・イブの日は、銀行の仕事を昼で早退し、午後からは休みを取って高草山でみんなと汗を流し、夕方5時の点灯に立ち会っていました。

それが3年目、本店から新しく赴任してきた堅物の支店長が、杉崎さんの前に立ちはだかったのです。

「君は仕事を舐めているのか？　年末の一番忙しい時に営業職の君が、昼で仕事を上がるだって？　そんな意識の低い者は解雇してもいいと思うが、みんなはどう思う」

支店長は、同僚たちの前で杉崎さんにそう言いました。バブルが崩壊し、いくつもの銀行が破綻していたそんな時期です。

しかし、杉崎さんは諦めずに、何度も何度も支店長にお願いし続けました。そして一週間後、クリスマス・イブを前日に控えた夜のことです。突然支店長が、同僚たちに聞こえるようにこう言ったのです。

「杉崎君、明日な、君には午後から得意先回りをしてもらうから、午前中には仕事を終わらせて、いつでも出かけられる準備をしておくように」

これは、もしかすると、高草山に行っていいと、暗に示しているのか？　支店長の言う準備とは、鞄の中に軍手と地下足袋《じかたび》を忍ばせておけという意味なのか？

明けてクリスマス・イブ。

「支店長、これから得意先回りに行かせてもらいます！」

杉崎さんは、銀行を後にして、高草山へと急ぎました。しかし、山頂でツリーの準備をしながら、彼はふと思い出しました。外回りをしてこいとは言われたが、直帰の指示は受けていないことを――。

律儀な杉崎さん、午後4時を回った頃、後は点灯を待つばかりになったことを確認すると、作業着からスーツにまた着替えて下山し、銀行へと向かったのです。

「支店長、外回り終わりました。ありがとうございました」

もちろん、そのまま帰ってこないものと思っていた支店長は啞然として言いました。

「どうして？　仕事は午前中に終えたんじゃないの？」

「はい、でも、直帰の指示は受けていませんでしたので」

「あ、そう……。じゃあ、帰ってきた直後に悪いけど、仕事を一つ頼めるかな？　じつはもう一軒大切なお得意様を忘れていたんだ。大至急ここを訪ねてくれたまえ」

支店長は、スラスラとメモ書きした紙を、杉崎さんに手渡しました。

七色に光る、手作りのクリスマスツリー。

そこには「山へ帰れ」と一言、書かれてありました。

杉崎さんはお礼の言葉を呑み込み、タクシーに飛び乗りました。高草山へ向かうタクシーの中で杉崎さんは、拳に握ったメモに何度も頭を下げていました。

そんな紆余曲折を経て、杉崎さんは23年間、ツリーに灯りを灯し続けているのです。なんていい話だ……。しかし、これだけ続けられるモチベーションはどこにあるのだろうか？

「うーん……。僕たち素人の作ったツリーを楽しみにして、毎年麓から山頂に向かう人がいっぱいいるんだよね。今年も最高のクリスマスツリーを見ることができましたって、感謝してくれる人もいる。言葉だけじゃなくて、差し入れを持ってきてくれる人もいる。それが、毎年頑張れる力かなぁ～」

しかし、毎回、一つだけ引っかかることがあるようで——。

「近くでツリーを見るために、真っ暗な山道を登ってくる車のヘッドライトの隊列の方が、自分たちが立てたツリーより、イルミネーションが綺麗なんだよねぇ～」

リーダーシップもあり、私欲を捨てて活動する生真面目な姿が地域の信頼を得て——杉崎さん、今は市議会議員となっておられます。市役所で、杉崎さんのことがすぐにわかったのは、市議会議員になられていたからなのです。

ちなみに、議員になられた今も、クリスマス・イブの夜だけは公務を早退して得意先回り――ではなく高草山に登っておられます。

ショート・ミッション⑧　長崎県・長崎市

「必殺カット江口」の必殺技

芸人殺すにゃ刃物はいらぬ、アクビ一つで即死する。

ライブの最中に、退屈そうにアクビをされると、ものすご〜く傷つきます……。しかし今回は、それ以外の方法で僕がバッサリと「斬られた」話を聞いていただきます。

ライブで長崎を訪れた僕は、路面電車でその日の宿に向かっていました。精霊流《しょうろうなが》しで有名な長崎の大通りで信号に引っかかると、車内から見える看板に目が釘づけになりました。

「必殺カット江口」

どうやら理髪店のようですが、ロゴも勢いのあるデザインで凝っていて、まるで映画の看板です。

そういえば、近頃散髪に行っていないし、無精髭も目立つ。ライブを前にさっぱりするのも良かろうと思い、「必殺カット江口」の扉を叩きました。

入ってみると、掃除は行き届いていて清潔感はありますが、どこにでもある普通の理髪店です。お父さん、お母さん、息子さんの三人家族で営まれているようです。理容椅子に着席すると、理容師さんにしては無駄にマッチョな体格のお父さんが僕の髪に、丁寧にハサミを入れ始めました。

えーっと……どこが必殺？

「すんません、看板にある必殺カットを見せてもらえません？」

恐る恐るお願いしてみると、お父さんは淡々と答えました。

「そんな技はないです」

その後も、たしかな職人の手仕事で僕の頭は着々と刈られていくだけ。これではライブで話すネタにならんなと、諦め始めたその時――。

「お客さん、長崎の人じゃないですね？」

僕の関西弁で気づいたのでしょうか、お父さんの方から会話を振ってくれました。

「長崎にはお仕事で？」

長崎に行ったら、ぜひ「必殺カット」を体験してください。

「ええ、明日こちらでお笑いライブをやらしてもらいます。じつは僕、芸人ですねん」

「へぇえ芸人さんですか。楽しそうですね」

「いや、楽しいのは一部の売れている芸人だけで、僕らみたいなモンはそれはもう大変で。キツイ現場ばっかりで、酔っぱらいの前でネタやらされたり、話も聞かんと野次られたり、辛いことだらけですわ。でもきっと売れると信じて、それだけで20年耐えてやってます」

「永遠に売れないでしょうね」

「へっ?」

「売れると信じて、頑張っているんですよね? 無理でしょうね」

チャララーン～♪ 僕の頭の中に必殺仕事人のテーマソングが流れました。

そうなんです……お父さんの口が必殺だったのです!

「ど、どうして、そこまで、僕が売れないって確信を持って言えるんですか!」

「だって——あんたには、華がない」

どうやらお父さんのワザは、一撃必殺ではなく、二の太刀、三の太刀を浴びせ、敵をなぶり殺しにするのが特徴のようです。

「それに、近くにいると自分まで不幸になりそう」

理容椅子で虫の息、瀕死のダメージを受けている僕に、なおも攻撃は続きます。

「自分のことしか考えていない」

初めて会った素人のお父さんに、最後のトドメを刺されました。

自分のことしか考えていない――じつはこれは、普段から喰社長にもよく言われていることなんです。

なぜ、この仕事人は、初めて会った僕のダメなところをひと目で見抜いたのか？　一つ一つ、ご丁寧に解説をしてくれました。

「華がないのは、目が死んでいる。見た目で判断した」

「不幸を呼び込みそうだと感じるのは、エネルギーが感じられないから。人を巻き込んで幸福にしよう、楽しませようという人は、何か体からエネルギーを発しているもんなんだけど――あんたからはそれが感じられない」

「だから――あんたの側《そば》には近づきたくない」

お父さんを髪結い床という表稼業から、裏稼業の必殺仕事人に変えてしまったのは、何気なくこぼした僕の愚痴だったのです。

「それじゃダメだ。どんな境遇もありがたいと思えなきゃ。仕事に対して感謝の気持ちを忘れない、人に対して温もりを持って接する、理髪の仕事と芸人さんの仕事は違うと思うけど、同じサービス業でしょ。仕事に不満を持って愚痴る人、ただ成功したいだなんて思っている人は、絶対売れないですよ。感謝の気持ちで相手を思いやる、そういう日々の延長線上に、成功があるんじゃないの？　それにしても20年、芸を追い続けられるのはすごいことだよ。その忍耐力があるならこれからも頑張れますよ」

ただ斬り捨てるだけじゃなく、絶命しかけた僕の蘇生を、試みてくれるんです。

もはや僕に、髭を剃るための蒸しタオルは必要ありませんでした。自分の涙で、無精髭はもうぐずぐずになっていたのですから。

「今まで、軽く3000人は泣かしたかなぁ～」

この店のタオルは、洗髪で濡れた髪を拭くためのものではありません。客が涙を拭うためのものなのです。

ちなみに、看板のキャッチフレーズの必殺は、武道経験者のお父さんが名づけたものだそうです。

そんなお父さんの「必殺の口」を楽しみに、常連客が集う迷店なのです。

Bonus track

オトンをイタコさんに降ろしてもらった話

皆さん、亡くなった人に会いたくなったことはありますか。その希望を唯一かなえてくれる存在が、ご存じ「イタコ」です。

辞書にはこう書かれています。

【イタコ】東北地方で、死者の霊をよびよせ、自分の口をとおしてその霊のことばを人につたえるという巫女。（三省堂　例解新国語辞典より）

僕は16年前に、肺ガンでオトンを亡くしました。66歳でした。

ですが正直、不仲やったんで、特に会いたいと思ったことはありません。でも、イタコさんにちょっと興味がありまして、ためしにオトンを降ろしてもらおうと思い立ちました。

まずは調べたイタコ基礎情報からご紹介します。

・語源は「齋」（神に仕えるという意味）の訓読み「イック」が変形したもの説が有力。
・最盛期（昭和10～30年代）は青森県だけで３００人を超え、一時はイタコ組合なるものもあった。しかしイタコさんの高齢化や時代の変化等により、現存するイタコさんはわずか６人。
・相場は、口寄せ（死者の魂を降ろす行為）一人につき３０００円。15分程度。
・昔は盲目の女性がなることが多かった。視覚を失った方は聴覚と嗅覚が研ぎすまされ、死者の声をキャッチしやすいからと言われている。

なるほど。ただ、下世話な僕としては、ついツッコミを入れてしまいたくなります。

以前ネットで、恐らく80代であろうイタコさんが、スティーブ・ジョブズを降ろす動画を見たことがあります。アップルの創業者にして、iPhone の生みの親、スティーブ・ジョブズが、思いっきり津軽弁でした。

実際、青森のイタコさんに、僕のオトンを降ろしてもらった時も、津軽弁でした。

思わず、「オトン、関西人やのになんで津軽弁なん？」って聞いたら、イタコさんはこう答えました。

「今はこの人（イタコさん）の体を借りて喋ってるから、津軽弁なんや」

──翻訳アプリ的な感じ？　僕は続けて尋ねました。

「オトンとはよう揉めたやん」

するとと、一瞬間が空き、

「……そうやったなぁ」

乗っかった！　そこで僕は一気にギアを上げました。

「いろいろ揉めた中で、一番印象深いのはなに？」

本人しか知りえない、この問い。

「えー。それは、たくさんあるけど──」

明らかに困った様子。しばらく考えた末に、まさかの答えが。

「お前はなに？」

ズルい！　これ、クイズで言ったら、「パンはパンでも食べられないパンはなーんだ？」という問題に、「そのパンなーんだ？」って逆に出題されたようなものです。

また別のイタコさんは、疲れてたんかなぁ。オトンを降ろしてる最中に、一瞬寝落ちしてました。オトン永眠してるのに、まだ眠るか！

イタコについて調べていて一番驚いたのは、この業界にもデジタル化の波が押し寄せてるということです。検索したらあったんです。

〈テレフォン・イタコ〉

死者を電話で降ろしますかねぇ。あるサイトの売り文句には、こうありました。

〈本格イタコ多数在籍〉

本格パスタやないねんから！　さらに見ると、

〈テレフォン・イタコ・オブ・ザ・イヤー　２０１６準グランプリ〉

Ｍ-1グランプリとかやったら、翌日学校や職場で「今年のＭ-1誰取ったん？」って話題にのぼるけど、「今年のテレフォン・イタコ・グランプリ、誰取った？」なんて話、聞いたことありません。しかも準グランプリって、ここ一番敗れてるし！

ひときわ目をひいたのは料金の欄です。

〈20分／５０００円〉

料金の高さもさることながら、フッと見ると但し書きにはこうありました。

〈時間内、降ろし放題〉

降ろし放題？　食べ放題、飲み放題、降ろし放題？　想像してみました。

「まずはオトン」

「久しぶりだな」

「おばあちゃん」

「大きくなって」

「スティーブ・ジョブズ」

「新しいiPhoneは〜」

ものまねメドレーか！　こら、電話かけなしゃーないでしょう。

電話してみると、オペレーターの女性がシステマチックに「X先生（ベテラン女性イタコ）」に繋いでくれました。

このXさんが、まあキャラの濃い人で。当然東北訛りをイメージしてたら、「まいど　Xですー」。綾戸智恵ばりの大阪のオバチャンなんです。聞いてもないのに、

「西野カナに似てるねん」

「……はあ」

「自分では西野カナに似てるて思てんねんけど、周りは藤山直美て言いよるねん、アッハッハ――で誰に会いたい？」

情緒がない。いやええんですよ、関西弁は。死者を降ろすシチュエーションには合わないだけで。問題は、降ろしたオトンが、本物かどうかです。

明いたします。

読者の皆さんに判定していただくために、遅ればせながら、ここでオトンの人物像をご説

見た目は、笑福亭仁鶴師匠をちょいワルにした感じ。なかなかファンキーな人でした。そ

れゆえ、オカンと兄貴と僕は、度々大変な目に遭いました。

しかし、ワハハ本舗の演出家・喰始は、こう言います。

「不幸を楽しめ。そしてネタにしろ。角度を変えれば、悲劇は喜劇に変わる」

皆さんへのエールを込めて、我が家のしくじり先生をネタにしたいと思います。こんな家

で育った僕でも頑張って生きてるんです。どうぞ、笑ってください。

オトン、めっちゃ万引きしますねん。しかも、そのものが欲しいとかストレスが溜まって

とかやないんです。無事パクれるか、あるいは自分がパクられるか。そのギリギリ感を楽し

んでるんです。兄貴から聞いたことがあります。ターゲットに決めた模型店の前で「勝

負！」と、自身を鼓舞して入っていったと——。そんな父親、おりますかね。

その一方、異常に教育熱心な人でもありました。運送業で稼いだお金を、兄貴と僕の教育

費に惜しまず、注ぎ込みました。全ては「兄弟揃って京大合格」という、オトンの夢実現の

ためです。

兄貴も僕もオトンの期待に応えようと、それぞれ中高一貫教育の進学校に入学しました。

しかし僕が中学2年生の時に転機が訪れます。バック転に憧れて体操部に入部すると、みるみる成績が落ちてきてしまいました。

そんなある日、放課後に部室に行くと、オトンがいるんです。僕になんの断りもなく、オトンが退部届けを出したんです。民意を問わずに、EU離脱する？　そして部室に入ってきた僕にオトンは、こう言いました。

「一足遅かったな」

僕が部室に入るところで映像が止まって「さてこのあとお父さんは何て言ったでしょう」ってクイズの答えが100択やったとしても、「一足遅かったな」は選択肢に入らんわ！「北斗の拳」に出てくる野盗以来や！

また、オトンは口より先に手が出る人でもありました。小学2年生の時、フォークダンスをだるそうに踊っただけで、チョークスリーパーで締め落とされたこともあります。殴る人はいても、絞め技を使う人は稀有ですよ。

そして1986年3月。僕が高校1年生の時、森田家史上最大の事件が起こります。

一浪中の兄貴の二浪が決まり、僕が芸人になると言い出したのが事の発端。激昂したオトンがシャウトしました。

「皆殺しじゃー！」

極論すぎる――。なんとか冷静に芸人になることを説得しようと試みるも、

「じゃかーしい！　芸人はヤクザと一緒や！　どいつもこいつも裏切りやがって、皆殺しじゃー！」

まったく話を聞いてくれへん。最終的には包丁を持ったオトンに追っかけ回され、あわや警察沙汰になりかけました。

それでも笑いで乗り越えようとした兄貴が、この事件を「リアルなまはげ事件」と命名。秋田のなまはげとオトン……似て非なるものや。まず向こうはニセモノの包丁やけど、こっちはホンモノ。向こうの決めゼリフは「悪い子はいねがー」やけど、こっちは批判したら粛清される。むしろ、「俺のことを悪く言う子はいねがー」です。

当時、この話をちょっとふくらませて、学校で喋ったら、これがウケた。そしたら気持ちがスーッと軽くなった。僕が芸人を続ける理由は、この原体験にあるのかもしれません。売れようが売れまいが、生きていく上で、笑いが必要なんやと思います。

ここで、テレフォン・イタコの話に戻ります。Xさんが降ろしたオトンは、あろうことか、第一声こう言ったのです。

「ワシは、お前の一番の味方や」

一番の敵じゃー！　ここで僕にスイッチが入りました。

イタコさんに降りた故人と再会した依頼者は、感動して涙するのが普通だと思います。しかし僕は、Xさんが降ろしたオトンと、ここから激しい口論になったのです。

「一番の味方？　オトンよう言うな」

「ホンマやで。たとえ100人が敵に回っても、ワシ一人はお前の味方や」

イラッときてると、細かいことにも突っかかりたくなります。

「オトン、それを言うなら『たとえ100人中99人が敵に回っても、ワシ一人は味方や』って言うねん。その方が比率出しやすいやろ。オトンのやったら『たとえ101人中100人が敵に回っても――』ってなるから、一人多いねん。比率出しづらい」

「それは単なる言い間違い」

さらにイラッときた僕は、一言謝まらせようと、切り札を投入しました。「リアルなまはげ事件」の話を振ったのです。

「包丁持って追っかけ回したよな。そのこと、どう思ってる？」

すると、キャンパスライフを振り返るように、

「あの頃は青かった」

懐かしむな！　もう我慢ならん！

「そもそも、中学の時、体操部を――」

そう言うた瞬間、

「なんや！　お前は責めるためにワシを呼んだんか！」

「えっ……」

今なんで、僕怒られてるの？　てか、お金払って逆ギレされてる？

「自分がされたら嫌やろ！」

「………」

「自分がされて嫌なこと、人にもすんな！」

よくわからんけど、勢いに圧倒されてつい、

「ごめんなさい」

なぜか僕が謝ってるんです。

「いろいろ行き違いもあったけど、今はお前の幸せを願ってる。もうそんでええやないか」

全然よくない！　でも時計見たら、そろそろ20分が経とうとしています。延長料金を取られるのも嫌なんで、

「わかった。ほな、最後に一つ。これから俺にどう生きてほしい？」

「どうって？」

「こうなってほしい、ああはなるなとか、なんでもいいから何かアドバイスちょうだい」

オトン、何て言ったと思います？

「こういうとこに電話して、お金の無駄使いをするな」

ここへきて、まさかの発言。

「な、なんでこういうとこに電話するのは無駄使いなん？」

「こういうとこは、ほとんどインチキ」

お前もや！　と思いつつ、一気にたたみかけました。

「ここもインチキ？」

「ここはホンモノ」

「インチキとホンモノの違いは？」

「法外な値段をとるとこはインチキ」

「5000円も法外やで」

「5000円ならええやろ」

「それは人による。僕みたいな貧乏芸人にとって5000円はイタい。特に今日はキツい。5000円やで、5000円！」

会話がピタッと止まりました。しばらくすると沈黙を破って、オトンは言いました。

「でもアタシだって、5000円全額もらえるわけちゃうし」

Xさん出てきた！　アタシって言うてもうてるやん！

「Xさん、オトンを出してください」

「フロントが30％取って、残り70％がアタシの——」

「Xさん！　きなくさいですよ」

「ワシもそう思う」

「今はオトンなの？」

オトン、僕、Xさんの三者通話ややこしいわ！

「とにかくイタコに頼らんでも、お前が強く思えば、ワシはいつでもそばにおる」

どうも腹にストンと落ちん。そんな僕をよそに、

「あともう一つ、父親としてお前に伝えておきたいことがある」

「何？」

オトンは優しく言いました。

「もう20分過ぎてるぞ」

どんだけトリッキーやねん！

「オトン、なんかありがとう」

あの世に帰ってもらったその時、この期に及んで、Xさんかましてくれました。

「お父様〜お父様〜お元気で――」

元気ないねん！　もう骨だけになっとんねん！

そやのに「オトンは天国で何してんの？」て聞いたら、「骨休め」。

だから骨やって！

なんかXさん、ガサツなんです。

あとXさん、テレフォン・イタコやってる時は、せめてパソコン閉じとこ。まさに嘘みたいなホンマの話やけど、「お父様〜お元気で――」のタイミングで、

「ユーガットメール」

さすがにバツ悪くなるかなと思ったら、すかさずXさん。

「お父さんからちゃう？」

とりあえず僕も乗っかって、オトンからのメッセージを読みあげてもらいました。

「メモれる？　読むよ――。アマゾンが発送完了しましたって」

論外のXさんは置いておいて、前出の二人のイタコさんは、よう考えたら当たりさわりのないことばかり言っていた気がします。

たとえば京大に行かそうとした理由を聞くと、「それがお前らにとって幸せやと思った」。すぐに手が出る理由は「短気」。「リアルなまはげ事件」に関しては「ただただ申し訳ない」。

これって、誰でも言えるっちゃ言えますやん。

さすがのイタコさんも知らない本当の理由は、オトンのバックボーンにありました。

まず京大に関しては、オトンは行きたかったのに、また行く学力もあったのに、家庭の事情で高校卒業後は働くことを余儀なくされたから。すぐ手が出るのは、オトンのオトンに、半ばDVを受けてた過去があるから。

「リアルなまはげ事件」に関しては、実は僕と兄貴にも非はありました。兄貴は予備校サボってデートしてるとこをオトンに目撃されていたし、僕は学校行かんと阪神×西武の日本シリーズを見に行ったのが人づてにバレていた。

でも結果さえ出せばいい、とオトンはあえて黙っていた。なのに結果は、二浪と芸人。そらシャウトするわ。

もちろん、ここまで細かい事情は、どのイタコさんにも言ってません。ただ、一人だけ――ぞっとしたイタコさんがいました。

宮城県のイタコさんが降ろした、オトンとのやりとりです。

「オトンはなんで京大、京大てうるさかったん？」

「あれはなぁ、ワシが高卒やろ。行きたかったのに行けなかった夢をお前らに託したんや」

当たってる。まあたまたまやろ。

「ふーん。すぐ手を上げたのは？」

「ワシもワシの親父に理不尽に殴られてきてて、同じことをお前らにやったんや」

二つ当たった！　いやでもさすがに「リアルなまはげ事件」はわからんやろ。

「じゃあ、包丁で追っかけ回したのはなんで？」

「………」

やっぱりな！　と思った次の瞬間、度肝を抜かれました。

「お前らにも非はないのか？」

え――！　まさか、ホンモノ――？

ただ、ビックリしすぎた僕はアホなことに、

「非というのは、兄貴が予備校サボってデートしたり、僕が学校行かんと日本シリーズ行ったことか？」

と、全部教えてもうたんです。するとオトンは、

「それや」

「なんで知ってるの――？」
僕が言うたからや。でもその時の僕は、オウンゴールに気づかんくらい、パニクってたんです。そしてようやく気を落ちつかせてから、オトンに言いました。
「確かに僕らにも、非はあった。でも包丁はやりすぎちゃうか」
「すまんかった。ワシが間違ってた。死んだ今は、ようわかるぞ」
「もう一つ、体操部のことやけど。僕は3歳で腎炎患って、中学までは部活できんかったや
ろ。それが解禁になって、やっとできた部活やってん。それを一方的に奪われたのは、本当
に辛かってん」
その間オトンはずっと、「うんうん、うんうん。そうやったなぁ」と話を聞いてくれてい
ました。そして、ひとしきり近況報告をした後、最後に質問しました。
「最後に、芸人をやることは今も反対か？」
「今はもう反対してない。よう頑張ってる。死んだ今は、芸人のお前を応援してるぞ」
帰りの電車の中。僕は自分が癒やされていることに気がつきました。
あれは、本当にオトンだったのか――。スマホに録画したオトンを降ろすところの映像を、
何度も見返しました。やっぱりオトンっぽい気がする。でもそんなことあるか？

グルグルグルグル考えたすえ、ふと思いつきました。

「この動画を家族に見せて、判定してもらおう」

オカンが都合つかなかったので、兄貴にお願いしたら、快諾。しかも久しぶりに会うしと、ご馳走までしてくれることになりました。

体当たり芸人として、いろんな体験をしてきた僕ですが、ステーキハウスのカウンターに兄弟並んで、イタコさんの映像を見たのは、初めてです。

それはさておき、結論から言うと、

「100%オトンではない」

というのが、兄貴の判定でした。

兄貴は二浪の末、国公立大学に合格。現在は大企業の半導体の部門のトップを務めています。つまり僕とは、真逆の超エリートで、超ロジカルな人。

兄貴は、イタコさんが降ろしたオトンを見ながら、違和感を覚えるたびに一時停止を押し、見事なまでに論理的なダメ出しを繰り広げました。

まず最初に違和感を覚えたのは、このくだり。

〈すまんかった。ワシが間違ってた。死んだ今は、ようわかるぞ〉

〝ピッ〟と一時停止を押すと、兄貴が一言。

「親父は死んでもわかってない」

僕は高校卒業してすぐに家出たから何も知らんかったけど、兄貴もいろいろあったらしい。聞くと、兄貴もオトンに「直撃作戦」をやられてたんです。

兄貴は大学を1年留年しているんですが、どうやらオトンは当時兄貴が付き合っていた彼女が原因だと思ったらしく、彼女の家に襲撃かけてました。一人娘の男親やったらまだしも、二人息子の男親がですよ。

神は時に残酷な演出を好むものです。兄貴に二度と会わない約束を彼女にさせたオトンと、そんなことはつゆ知らずに彼女の家に向かう兄貴。二人が、道ですれ違いますねん。そして、すれ違いざまにオトンが一言。

「一足遅かったな」

まさかのテンドン！　兄弟揃って一足遅かったとは！

オトンはその後に兄貴が付き合った彼女も気にくわんかったようで、「巻物」の手紙を送ってました。

21世紀に巻物送るのも凄いけど、開いてみたら、達筆な字で「呪」。怖いわ！

「そんな親父やぞ。死んだくらいで、わかるわけない。よってこれは親父ではない」

次は、体操部のくだり。

〈うんうん、うんうん。そうやったなぁ〉

〝ピッ〟

「こんなに人の話を聞きません」

「確かに！」

「親父やったら、〝体操部のことやけど〟って言うた瞬間、チョークスリーパー」

「間違いない」

「よって話を聞く時点で、親父ではない」

これの繰り返し。次の一時停止は、この本の〝地縛霊を笑わせろ〟に出てくる日本霊能者協会の松居会長に僕の守護霊を見てもらった時の話をオトンに喋ってる場面でした。

〈ええか、オトン。松居さん曰く、売れる芸能人はみんな守護霊が強いらしい。僕はめっちゃ弱いねんて。特にお父さんが弱いって。だから僕が売れへんのはオトンのせいや〉

〈うーん。まあ確かに、お前が1年目、2年目やったら、ワシのせいかもしれん。でも、お前30年やっとるやろ。それだけやってあかんのやったら、それはもうお前のせいやろ〉

兄貴がまたここで〝ピッ〟と一時停止。

「俺も同感」

「やめえ！」

「これに関しては、親父かどうかは別にして、普通に的を射てる」

「趣旨変わってる！」

「そもそも自分の努力不足を棚に上げて――」

〝ピッ〟

今度は僕がボタンを押して、再び再生。

最後の一時停止は、僕も納得の箇所でした。

〈今はもう反対してない。よう頑張ってる。死んだ今は、芸人のお前を応援してるぞ〉

〝ピッ〟と止めると、兄貴は半笑いで言いました。

「死んだ今は応援してる？　よう言うなぁ」

「わかるよ。さすがにここまで論理的に説明してもらったらわかるわ。死んだくらいで、オトンが応援してるわけないやんな」

「いや、生きてる時から応援してた」

えっ？

「お前が家出てから親父は言うてた。『今も賛成ではないけど、あそこまで本人がやるて言うたら認めんわけにもなぁ』って。なんならお前がたまに出るテレビを、一番楽しみにしてたのは親父やった。お前、親父が死ぬちょっと前に、ワハハ本舗のタレントカタログを持ってきたやろ」

そのカタログで僕はこう紹介されていました。〝唯一無二の体験ノンフィクション漫談　次代ワハハの看板候補〟。

「親父は、それが嬉しかったんやろなぁ。入院先の看護師さん一人一人に、『見てください、これウチの息子ですねん』『将来ワハハをしょって立つんです』『今インドでネタ取材頑張ってるんです、応援してやってください』って言うてたわ。その姿があまりにも健気でなぁ。それでお葬式の時は、カタログのお前のページを開いて、親父の顔に載せて出棺したわ」

ここにきてこんなこと言うと、僕の人間性が疑われるかもしれませんが――。

実はオトン、ええ人ですわ。

わからんかった。僕のペラい心と弱い頭では。でも兄貴に咀嚼《そしゃく》してもらって、やっと伝わりました。激情型のオトンはその表現こそ不器用で歪んでるけど、根底には愛があったことが。

ひょっとしたらオトンは人生をかけて、やがて芸人になる僕のために、ネタを遺してくれたんかもしれん。オトンありがとう――。

それにしても兄貴すごいわ。理不尽多々あっても、オトンの側面も、ちゃんと見てたんやもんな。

そんな兄貴に、イタコさんはこう映ったそうです。

「ここまで懇切丁寧に付き合ってくれて、見事なカウンセラーやな。当たったように思うのは、人生の引き出しが豊富だからやろうな。例えば、親父がすぐ手を上げる理由一つとっても、経験でいろいろ思いつくんやろ。そのどれかが当たったら、あとはそこから寄せていくんちゃうか。でも、これが親父かと聞かれたら答えはNO。そして職業としては心療内科とは違うアプローチで心に寄り添う点で、アリ」

完璧か！　のべ4人のイタコさんにオトンを降ろしてもらった僕より、よっぽど理解してるわ。わざわざ東北まで行かんでも、はなから兄貴に聞いたらよかったわ。

「なるほどなあ。確かにどのイタコさんもオトンではなかったけど、皆さん親切でいい人やったわ。一人を除いて」

もうおわかりですね。

「テレフォン・イタコのXさんっていう胡散臭いオバチャンがおってやなあ。あかん、言う前に、笑《わ》ろてまいそう」

「そんなひどかったんか」

「ひどいなんてもんやないで。『たとえ100人が敵に回っても、ワシ一人はお前の味方や』とか言うてな」

するとー瞬にして、兄貴の表情が変わりました。

「そ、それ親父、よう言うてた！」

えーっ？

「ウ、嘘やろ？」

「覚えてへんか。『たとえヤクザが来ようが誰が来ようが、ワシがお前らを守る』って、よう言うてたやんけ。あとその微妙な数字の間違い方も、親父っぽい」

まさかの展開──。狼狽《ろうばい》しながらも、僕は自分に言い聞かすように、返しました。

「そんなことないって！　よう考えて。Xさんはお金払ってるのに『体操部を──』って言うた瞬間、逆ギレする奴やで……ってオトンや──！」

「親父や──！」

真相は藪《やぶ》の中。しかし兄貴も僕も感じてました。あのステーキハウスで僕らを見守る、オトンの存在を──。

解説

喰始

コラアゲンはいごうまん、名前が長い。文字数にすると11文字もある。だから以下は彼と略する。

彼との出会いは、僕の主催するお笑いライブ「喰始のショービジネスの作り方」のオーディションだった。頭を金髪に染めた彼は、見た目以上に生意気で、「ワハハがどんなもんか知らへんけど、吉本の二軍は東京では一軍やで」と心の声で言っていた（後に本人談）。「腕はあるけどネタがつまらない」というその時の僕のコメントにカチンときたらしく、ならばとばかりネタを変えて何度も道場破りにやってきた。

当時の彼のネタは〈こんなキティちゃんはいらない〉とか〈人生ゲームを突っ込む〉とか

の、どこかで見たようなものばかり。それでも僕は、外部出演者が少ないこともあって合格を出し、何度か舞台に立たせた。観客の反応は「つまらなくはないが、面白くもない」。僕と一緒だった。

それ以来、アドバイスという名目でネタをいじり、共同作業をやるようになった。彼は「ネタには関係なくサボテンを手にして、いっさいそのサボテンにふれないまま、ネタをやってみて」という僕のアドバイスに、困惑しながら舞台に立ったことがある。結果は、ネタの途中で逃げた。最後までやり終えることなく、舞台を降りた。腕はあるが、面白くならない。一年付き合って出した僕の答えはこうだった。

「頭で考えるネタを放棄してみよう。日常の体験をベースにした語り芸を作ってみて」

僕の注文に彼が見せたのは、子供の頃の塾の思い出、塾の先生とのドラマだ。学校教育の非人間性と比べると、塾の人間関係の方が温かい——どこかで聞いたような内容に、カチンときた僕は言った。

「君の苦手な勉強は？」

「数学です」

「非ユークリッド幾何学って知ってる？」

「知りません」

「ゼノンの唱える、ウサギは前をゆく亀に永遠に追いつけない。あとメビウスの輪とかクラインの壺」

まったく理解のできない彼に、非ユークリッド幾何学がどういうものかを説明し、僕はこう続けた。

「あとは自分で調べて、それをレポートする。それが僕からの宿題」

いわゆるムチャぶりである。勉強嫌いのお笑い芸人に、聞いたこともない数学のジャンルをテーマに話を作れと言ったのだ。

期待することなく待っていた僕に、彼が作ってきたのは予想外のものだった。

そもそも非ユークリッドとは何なのか。勉強するために通った図書館、その図書館で出会った40代の男性との友情。ゼノン、メビウス、クライン等のトンデモ理論を考えた人間たちとお笑い芸人の共通性。

数学の話なのに人間がテーマになっている。彼ならではの話にでき上がっている。

これが、スタンダップ・ノンフィクション、スタンダップ・ドキュメンタリーと呼ばれる彼の芸の始まりである。それからの彼の苦闘ぶりはこの本に書かれている。

いわゆるアポなしルポ、潜入取材は危険に満ちている。テレビの場合は、カメラがある、スタッフがいる。彼の場合は、たえず一人だ。

「実はお笑い芸のため」とバラすべきかどうか、困った時はいつも僕に連絡がくる。しかしその場にいるわけではないし、相手がどんな人間かもわからない。判断に迷う。ただ、同じ思いだからこそ、彼も連絡をしてくるのだ。

幸い、好い人が多い。「じつは——」と話すと、ほとんどの人が味方になってくれる。それはたぶんこういうことだ。ギャラも出ない、仕事になるかどうかもわからない、それなのにわざわざ面倒なところに飛び込んでくる。同情こそすれ、怒る気にはならないのだろう。彼の話の中で、彼は決してヒーローにならない。登場する取材相手こそがヒーローだ。どの話でも、彼は情けない道化だ。

実際、彼は情けない。ネタの中では、その情けなさを武器にして笑いを取っているが、僕の前では弱音を吐き、メソメソと泣く。

自分のネタが不安で不安で、本ネタに入る前のまくらの部分が長くなってしまう。「大丈夫だから、中身が十分面白いから」と言っても、笑いがないのが怖くて、じたばたと笑いの取れるエピソードを挟む。「そこがお前のダメなところだ」と、さらに僕はダメ出しをする。

この本の活字の中の彼と、舞台の上の彼との違いはそういうところだ。この本を読んで面白いと思った人は、ぜひ一度、生身の彼を観てもらいたい。彼の話の中のムダな部分、この本には書かれていないムダな部分を、ぜひ体験してもらいたい。
良きも悪しきも、それが彼、いや、コラアゲンはいごうまんの面白さである。

――演出家・劇団ＷＡＨＡＨＡ本舗主宰

この作品は二〇一六年五月小社より刊行された『コレ、嘘みたいやけど、全部ホンマの話やねん』を改題したものです。

JASRAC 出 1905387-901

幻冬舎文庫

●最新刊
浮世絵の女たち
美人画に隠された謎
鈴木由紀子

浮世絵の中で艶然とほほえむ美女はいったい何者なのか？　わずかなヒントを手がかりに有名絵師とモデルにまつわる謎を大胆に推理。貴重な資料を多数収録、浮世絵鑑賞がもっと面白くなる！

●最新刊
生涯健康脳
瀧　靖之

65歳以上の5人に1人が認知症になる時代がやってくる。その予防には、睡眠・運動・知的好奇心が重要。脳が生涯健康であるための習慣を、16万人の脳画像を見てきた脳医学者がわかりやすく解説。

●最新刊
リーダーの教養書
出口治明 ほか

日本が米国に勝てない理由は「教養の差」にあった——。10の分野の識者が、歴史学、医学、経営学といった専門から推薦書を選出。経営判断、思考、洞察力を深めるものなど、１２０冊を収録。

●最新刊
超現代語訳 戦国時代
笑って泣いてドラマチックに学ぶ
房野史典

マンガみたいに読めて、ドラマよりもワクワク。笑いあり涙ありの戦国物語。「関ヶ原の戦い」「真田三代」などのキーワードで、複雑な戦国の歴史がみるみる頭に入り、日本史が一気に身近に！

●最新刊
人生の勝算
前田裕二

8歳で両親を亡くした起業家・前田裕二が生きるための路上ライブで身につけた、人生とビジネスの本質とは。外資系銀行員時代、「SHOWROOM」の立ち上げ、未来のこと。魂が震えるビジネス書。

幻冬舎文庫

●好評既刊
宝の地図をみつけたら
大崎　梢

地図を片手に夢中になった「金塊が眠る幻の村」探しを九年ぶりに再開した晶良と伯斗。しかしその直後、伯斗の消息が途絶えてしまう。代わりに〝お宝〟を狙うヤバイ連中が次々に現れて……!?

●好評既刊
ツバサの脱税調査日記
大村大次郎

少女のような風貌ながら、したたかさと非情な観察眼を持つ税務調査官・岸本翼。脱税を巧みに指南する税理士・香野に出会い、調子が狂い始める。元国税調査官が描く、お金エンタメ小説。

●好評既刊
消滅　VANISHING POINT　(上)(下)
恩田　陸

超大型台風接近中、大規模な通信障害が発生した日本。国際空港の入管で足止め隔離された11人の中にテロ首謀者がいると判明。テロ集団の予告通り日付が変わる瞬間、日本は「消滅」するのか!?

●好評既刊
蜜蜂と遠雷　(上)(下)
恩田　陸

芳ヶ江国際ピアノコンクール。天才たちによる競争という名の自らとの闘い。第一次から第三次予選そして本選。〝神からのギフト〟は誰か？　直木賞と本屋大賞を史上初W受賞した奇跡の小説。

●好評既刊
いちばん初めにあった海
加納朋子

千波は、本棚に読んだ覚えのない本を見つける。挟まっていた未開封の手紙には、「わたしも人を殺したことがある」と書かれていた。切なくも温かな真実が明らかになる感動のミステリー。

幻冬舎文庫

●好評既刊
芸人式新聞の読み方
プチ鹿島

新聞には芸風がある。だから下世話に楽しんだほうがいい! 擬人化、読み比べ、行間の味わい……。人気時事芸人が実践するニュースとの付き合い方。ジャーナリスト青木理氏との対談も収録。

●好評既刊
多動力
堀江貴文

今、求められるのは、次から次へ好きなことをハシゴしまくる「多動力」を持った人間。一度に大量の仕事をこなす術から、1秒残らず人生を楽しみきるヒントまで。堀江貴文ビジネス書の決定版。

●好評既刊
かぼちゃを塩で煮る
牧野伊三夫

胃にやさしいスープ、出汁をきかせたカレー鍋、残りめしで茶粥……台所に立つことうん十年、頭の中は食うことばかりの食いしん坊画家が作り方と愉しみ方を文章と絵で綴る、美味三昧エッセイ。

●好評既刊
おひとり様作家、いよいよ猫を飼う。
真梨幸子

本が売れず極貧一人暮らし。「いつか腐乱死体で発見される」と怯えていたら起死回生のヒットが訪れた! 生活は激変、なぜか猫まで飼うことに。〝女ふたり〟暮らしは、幸せすぎてごめんなさい♥

●好評既刊
一〇五歳、死ねないのも困るのよ
篠田桃紅

長く生きすぎたと自らを嘲笑する、希代の美術家、篠田桃紅。「歳と折れ合って、面白がる精神を持つ」「多くを持たない幸せ」。生涯現役を貫く著者が残す、後世へのメッセージとは?

幻冬舎文庫

●好評既刊
洋食 小川
小川 糸

寒い日には体と心まで温まるじゃがいもと鱒のグラタン、春になったら芹やクレソンのしゃぶしゃぶを。大切な人、そして自分のために、今日も洋食小川は大忙し。台所での日々を綴ったエッセイ。

●好評既刊
赤い口紅があればいい
いつでもいちばん美人に見えるテクニック
野宮真貴

この世の女性は、みんな〝美人〟と〝美人予備軍〟。要は美人に見えればいい。赤い口紅ひとつで洗練とエレガンスが簡単に手に入る。おしゃれカリスマによる、効率的に美人になって人生を楽しむ法。

●好評既刊
きみの隣りで
益田ミリ

森の近くに引っこした翻訳家の早川さんは、夫と小学生の息子・太郎との3人暮らし。太郎は森に生える〝優しい木〟の秘密をある人にそっと伝えた。森の中に優しさがじわじわ広がる名作漫画。

●好評既刊
男子観察録
ヤマザキマリ

男の中の男ってどんな男？　責任感、包容力、甲斐性なんて太古から男の役割じゃございません！ハドリアヌス帝、プリニウス、ゲバラにノッポさん。古今東西の男を見れば「男らしさ」が見えてくる？

●好評既刊
やめてみた。
本当に必要なものが見えてくる、暮らし方・考え方
わたなべぽん

炊飯器、ゴミ箱、そうじ機から、ばっちりメイク、もやもやする人間関係まで。「やめてみる」生活を始めた後に訪れた変化とは？　心の中まですっきりしていく実験的エッセイ漫画。

実話《じつわ》芸人《げいにん》

コラアゲンはいごうまん

令和元年6月15日　初版発行

発行人――石原正康
編集人――高部真人
発行所――株式会社幻冬舎
〒151-0051東京都渋谷区千駄ヶ谷4-9-7
電話　03(5411)6222(営業)
　　　03(5411)6211(編集)
振替00120-8-767643
印刷・製本―株式会社　光邦
装丁者――高橋雅之

幻冬舎文庫

ISBN978-4-344-42865-2　C0195　こ-43-1

幻冬舎ホームページアドレス　https://www.gentosha.co.jp/
この本に関するご意見・ご感想をメールでお寄せいただく場合は、
comment@gentosha.co.jpまで。